社労士のための

労働事件

思考の展開図

弁護士 **島田 直行** 著

日本法令

はじめに

　理想と現実の間には、たいてい「そうは言っても」という諦めにも似た感情が挟まっているものです。労働事件にしても同じです。顧問先から「社員とトラブルになって」と連絡があれば、事実を確認して、参考文献にあたり、正しいアドバイスを追究するでしょう。でも現実のトラブルは、調べれば必ず解決できるといったものではありません。予想外の展開をすることもあれば、そもそも前例がないということもあります。私は、これまで200件を超える労働事件を経営者側で担当してきました。教科書通りに展開した案件などまったくありません。ときに依頼者から責められて、「なぜうまくいかないのか」と泣きたくなったこともあります。予期せぬ展開は、思考を停止させるばかりではなく、ストレスとして重くのしかかります。「それでもなんとかしなければ」と無理に事案を進めようとすると、たいていより難しい局面を迎えてしまいます。八方塞がりにならないためには、「こうあるべき」という理想と「でもこうなる」という現実をつなぎ合わせる発想が求められます。

　弁護士は、労働事件について理想と現実の狭間に身を置きながら、目の前の事件に折り合いをつけていきます。こういった弁護士の思考方法は、労働事件に触れる社労士の先生方にとっても参考になるはずです。もっとも、弁護士の思考方法は必ずしも言語化されておらず、外部から把握しにくいところがあります。仮に先生方が何かを質問しても、結論だけ回答されて、その過程について十分に説明されるとは限りません。これでは先生方のスキルの向上につながりません。

本書では、労働事件を担当してきた弁護士の視点から、「事件をいかにとらえているか」について解説をしていきます。いわば労働事件における"思考の展開図"といったものです。本書を読めば、弁護士が理想と現実を紐づけながら妥当な解決策を見いだしていくプロセスについて、理解していただけるはずです。そこでは一般的な教科書では触れることのない周辺事情についても、あえて触れています。現実の問題を解決していくうえでは、法的論点には該当しない周辺事情こそ決定的な意味を持つことが多々あるからです。それは一見すればたわいない知識のように見えますが、積み重なることによって大きな自信へとつながっていきます。特に、先生方が経営者あるいは弁護士と協議する際の迫力にも影響します。「この先生は空理空論ではなく現場を知っている」という印象を与えることができるはずです。

　本書の特徴について少し触れておきます。本書のベースは、社労士の先生方から私の事務所に寄せられた相談や自分の失敗談です。できるだけ労働事件のリアルを共有していただきたいので、表現の正確性よりも伝わりやすさを重視しています。また本書では、私が先生方に語りかけるような形式をあえて採用しています。これは普段のセミナーを意識したものです。私は教条的に何かをお伝えするというのが苦手です。情報を一方的に伝えるのではなく、先生方と一緒に考えるということを大事にしています。弁護士と社労士が自らの役割を自覚して相互に意見を交わしていくことが、あるべき士業連携と考えているからです。ですから、読みながら「自分ならどうするか」について、ぜひ考えてみてください。みなさんの思考があってこそ、本書はひとつの本として完成します。

現実の問題に、唯一の正解というものはありません。正解がないからこそ人は悩んでしまいます。その悩みから逃げ出さず、結論を出していくことにこそ士業としての存在意義があります。いかにして結論を出していくか。その思考の土台をともに作り上げていきましょう。

　それでは、さっそく事件の解決に向けた思考を展開していきます。

2023年9月

弁護士　**島田 直行**

第1章 | 採 用 | はじまりがすべてを決める

第2章 │ 育 成 │ 人を育てる、組織を固める

第3章 ｜ 離　職 ｜ 将来のため「終わり」にこだわる

終 章 ｜ 自分を犠牲にしないために

序　章

社労士、労働事件に挑む

I なぜ労働事件に悩んでしまうのか

社労士の役割

「関与先で労働事件が起きてしまって。この対応で大丈夫でしょうか」

先生方から私の事務所に寄せられる労働事件は、こういった救いを求める連絡から始まります。「なんとかしなければ」という使命感に駆られるものの、アドバイスに自信を持てずに意見を求めるのでしょう。誰しも不安を覚えながら仕事をしています。労働事件に関わることは、先生方にとって普段の業務ではないでしょう。毎日のように顧問先から労働事件の相談が飛び込んでいたら驚きです。それは提供するサービスを間違っているか、顧問先の選択を間違っています。いずれにしても、経営を見直すべきでしょう。

たいていの先生にとって、労働事件は不意を突かれて発生するもの、いわば交通事故のようなものです。**普段の業務で関わることが少ないがゆえに経験値も上がらず、「いざ」というときにも対症療法的なアドバイスで終わってしまいがちです。**ときにはア

ドバイスを見誤って、自己嫌悪になることもあるかもしれません。

　だからといって「事件になれば弁護士に丸投げすればいい」というのは暴論です。現実には多くの経営者が、労働事件により精神的にも経済的にも疲弊しています。組織に関する本やセミナーが世間に広く求められていることが何よりの証左でしょう。**労働事件は、経営者にとって「どこかの事件」ではなく「目の前の事件」です。**先生方の役割は、「人」という経営資源を通じて組織を活性化させていくことです。これからAIなどが発達しても、私たちは「はたらく」ということからおそらく離れることができません。人は、労働を通じて生活の糧を得ているだけではなく、社会との接点も手にしているからです。そして、社会との接点を通じて初めて「自分とは何か」を知ることができます。「何もしなくていい」という環境に人は耐えることができません。社会との接点を喪失することで、自分を見失ってしまうからです。**社労士は、労働環境の整備を通じて人々が「自分とは何か」という永遠の問いに対峙することを支援しているわけです。**ですから先生方の活躍の場は、社会が複雑化し、自分を見失いがちになる人が増えるほど、いっそう広がっていくでしょう。

 ## より高いステージに至るために

　もっとも、働き方や価値観といったものは普遍的なものではなく、時代とともに変化します。変化はときに労使双方の誤解を生み出し、労働事件の要因となります。私たちは、労働事件のない穏やかな職場を求めて努力しています。ですが、いかに努力をしても「経営者」と「労働者」の立場の違いを超えることはできま

せん。そのため、意見の対立は不可避的に発生してしまいます。立場が違うのに意見の対立がまったくないというのは、かえって不自然なことです。**現実主義者の私たちは、「意見の対立はゼロにはならない」という前提で、目の前の課題に取り組むべきです。**

「労働事件をやったことがないので」「労働事件は業務外なので」というのは、職務放棄のようなものです。経営者からすれば、「いざというときにこれか」ということにもなりかねません。駆け出しの頃、とある社労士の先生から労働事件の紹介を受けて解決したことがあります。ひとり悦に入っていたら、依頼者から「やはり弁護士は社労士と違って頼りになりますな」と褒められたのですが、紹介者の顔をつぶしたようで、なんとも気まずい思いをしたものです。弁護士に丸投げすることは、ときに経営者の信用を失墜させることになります。ですから、労働事件については社労士という立場から関与するべきです。**ここでのポイントは、弁護士とは違った、社労士という独自の立場で事件を見るということです。**同じ立場で見ても仕方ありません。違う立場で見るからこそ、より多面的に事実をとらえることができます。

社労士の業務のひとつとして、事業における労務管理、その他の労働に関する事項についての相談・指導があります。労働事件に触れることは、こういった相談・指導のレベルを格段に上げます。内容がより具体的になるからです。例えば「それは危険です」と伝えるのと、「それをすると○○と展開していくでしょう。○○円くらいの負担にもなる可能性があります。だから危険です」では説明の迫力が違います。「やったことがない」と言って自分をごまかしても、事態は好転しません。「やったことがないから、やってみる」という発想に切り替えるからこそ、より高いステージに至ることができます。

なぜ労働事件は取り組みにくいのか

　もっとも、労働事件に向き合っていこうと決意しても、どこから手をつけるべきかわかりにくいものです。事件の種類ひとつとっても、不当解雇もあれば横領もあるなど多様です。「これだけ知っておけばいい」というものでもありません。学ぶほどにわからないことが増えてくるものです。

　私自身、事件を担当するたびにわからないことに出会います。わからないことばかりだと、次第に虚無感に襲われてきます。そのため、「労働事件に関わっていこう」という高いモチベーションを維持するのがとても難しいわけです。こういうとき、無理にモチベーションを高めようとあがいてもうまくいきません。試験前に限って無意味に部屋の模様替えをするようなものです。人生で幾度となく突発的な模様替えに挑戦してきましたが、何ひとつ好転しませんでした。大事なことなのでもう一度言います、夜間の模様替えは意味がありません。

　何事も原因を特定しなければ、解決策を見いだすことができません。そこで「なぜ先生方にとって労働事件は取り組みにくいのか」について整理してみます。ここでは、①知識の活用、②事件との距離感、および③事案の予見可能性という３つの観点から考えてみます。

（1）知識の活用　～点としての知識をつなげて面にする～

　まずは知識の活用についてです。労働事件のコアとなる知識については、すでに多くの先生が本やセミナーを通じて学んでいるはずです。仮に不足していれば、補充すればいいだけです。もっ

とも知識を手にしたからといって、労働事件にうまく対処できるようになるかといえば、それほど単純な話ではありません。そこには、知識の活用という観点が欠落しているからです。**現実の課題について知識を用いて解決していくためには、知識の取得（インプット）と活用（アウトプット）というふたつのプロセスを要します。先生方に圧倒的に不足しているのは、知識の活用という視点です。**

　教科書やセミナーは、知識の取得を目的として提供されるものです。知識の伝達性を高めるために、そこで示される事例からは不要な事実が除去されています。原因から結果に至るまでが、論理に基づき直線的に描かれているのです。ですが、**現実の事件は、論理だけでなく感情も含まれるため、曲がりくねったものです。**そのため教科書で学んだ知識を形式的にあてはめても、たいていうまくいきません。「学んだことは無駄だったのか」と泣きたくなるときもあります。現実は教科書のようにはいかないということで悩んでしまうわけです。「教科書に合わせれば融通が利かず、現実に合わせれば方針が定まらず」というのが労働事件の難しさです。

　では、せっかくの知識をうまく活用するにはどうすればいいのでしょう。そこで求められるのは、知識に対するより広い視点です。事件は、広がりのある概念です。**問題を解決していくためには、事件の全体を知識で包み込むような発想が求められます。包み込むためには、点としての知識を結びつけて、面にする必要があります。**先生方に必要なのは、この知識をつなぎ合わせて面にする視点です。樹形図のようなものをイメージするとわかりやすいでしょう。知識をつなぎ合わせる視点は、教科書などではなかなか学ぶことができません。事案の解決に必要な知識がすでに取

【図表】知識をつなぎ合わせる視点

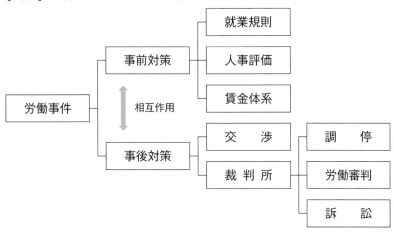

捨選択されており、自分で考える必要がないからです。いわば調理前に材料の下準備がなされているようなものです。これでは失敗しない代わりに、上手くもなりません。まして応用力などつくはずもありません。

　知識をつなぎ合わせるという視点は、なくても日々の業務に支障が出るわけではありません。ですが、あれば事件の見え方がまったく違いますし、「やるべきこと」がクリアになるので業務の効率化にもつながります。**異なる知識をつなぎ合わせることで、バランスのとれた解決策を見いだしていく。それが労働事件を本質的に解決していくうえで必要な姿勢です。**社労士の先生方による勉強会などに講師として呼んでいただいた際には、知識をつなぎ合わせる視点の重要性をお伝えしています。参加者の方からは、「なんだかすっきりしました」という意見をいただくこともあります。それは自分のなかにある知識がつながり、ひとつの体系ができあがったからです。知識があるべき場所に位置づけられたと

表現してもいいかもしれません。

　本書では、知識をつなぎ合わせるということをお伝えするため、第１章からは少し変わった視点で典型的な事例を解説していきます。聞いたことのある事例でも、スポットライトの角度を変えると印象が随分違ってきます。典型事例を学ぶことは、武道などにおける「型」を学ぶことに似ています。基本の型がない状況でいくら付加的情報を手に入れても役に立ちません。ですから、事例に目を通しておくことは、これから労働事件に取り組む方にとって必須です。同時に、**有名な論点だけ押さえても現実の問題を解決することはできません。論点ではないけれども実務で悩みがちなところというものがあります。**本だけではなかなか回答を見いだせないところです。そういった情報こそが、まさに点としての知識をつなぐものであり、先生方の強みになります。

（２）事件との距離感　〜公正な立場とは何か〜

　次に、事件との距離感についてです。労働事件に関与する士業は、弁護士と社労士が中心になります。両者は同じく労働事件に関与するものの、事件との関わり方、いわば当事者との距離感がまったく違います。

　弁護士は、基本的に労使いずれかの「代理人」という立場で事案に関与することになります。代理人は、依頼者である経営者あるいは労働者のために従事する立場です。つまり、労使いずれの立場であるのかはっきりしています。双方の代理人になれば、利益相反行為ということで問題視されます。これに対して社労士は、基本的に一方当事者の代理人になることはできません。むしろ社労士法は、社労士の職責として公正な立場で誠実に業務を行うことを定めています。**ここで難しいのが「公正な立場とは何か」**と

いうことです。みなさんは「公正な立場」について、いかに考えているでしょうか。

　文言に忠実であれば、公正な立場というのは労使のいずれかに肩入れすることのない中立的な立場、ということになるのでしょう。それは間違いなく正しくて立派なことです。ですが、公正であるとはそれほど簡単なことではありません。そもそも何をもって「公正」と判断するのか、一義的には明らかではありません。**労働事件は、語る人の立場によって見え方が異なってきます。**

　例えば、協調性のない社員への対処について相談を受けることもあるでしょう。経営者からすれば、「なぜ他の社員とうまくやってくれないのか。職場がギスギスして困ってしまう」ということになります。これについて社員からは、「他の社員と問題は起こしておらず、業務もそつなくこなしている。そもそも他の社員の機嫌をとることは労働契約の内容ではない」と反論されるかもしれません。このとき先生方に求められる「公正」というのは、いったいどういう意味なのでしょう。なかなか難しいものがあるはずです。この立ち位置の難しさが先生方を悩ますことになります。

　私は、双方の言い分が異なるときに、客観的根拠の有無を押さえることが労働事件における公正の意味だと考えています。例えばセクハラの事案では、被害者保護ということから被害者とされる方の主張を鵜呑みにしてしまうことがあります。これでは印象に引っ張られてしまい、事実を虚心坦懐に見ることができなくなります。被害者による自作自演の可能性も、現実にはあるわけです。

　公正な立場を考えるうえでは、もうひとつ問題があります。それは先生方の報酬の取り方についてです。大半の方は、顧問料ということで経営者から日頃の報酬をもらっています。**一方当事者**

である経営者から報酬をもらいながら公正という立場を語るのは、ときに矛盾を内包しているようにも映ります。経営者からすれば、あまりに公正な立場で労働事件を語られるとやはり面白いものではありません。中立的な立場から経営者に厳しい意見を伝えたある先生は、「誰が報酬を支払っているのか」と言いこめられて相談に来ました。こういうときは「ドンマイ」と励ますしかありません。

　労働事件では、圧倒的に経営者が不利なわけです。そもそも労働法制は、労働者を守ることが目的であって経営者を守ることを想定していません。つまり、経営者が相当の経済的負担を強いられることになります。そのため先生方は、**報酬をもらいながら、経営者に対して厳しい現実を突きつけざるを得ないこともあります**。この点は経営者側の弁護士にしても同じです。ですが、弁護士は基本的にスポットで事件を引き受けるので、「こうなるでしょう」と厳しい現実を伝えることにさほど抵抗がありません。経営者から反発を受けるようであれば、「では他の弁護士に依頼されてください」と身を引くこともできます。

　これに対して、顧問という立場で定期的に報酬をもらってきた先生方は、経営者の理解を得られないからといって安易に身を引くわけにはいきません。提案の仕方を間違えると契約解消ということにもなります。何よりこれまでお世話になった方に不義理を働いたようで、なんとも後味の悪い思いをすることになります。これについての対処は終章で触れます。

（3）　事案の予見可能性　～典型を学び、想定外を知る～

　最後に触れるのが、事案の予見可能性です。先生方の業務は、定型業務と非定型業務に大別されます。前者は、給与計算や就業

規則の整備といった手続き的業務です。後者は、労働事件のような実体的業務です。多くの先生にとっては、定型業務がメインの仕事になります。

　定型業務と非定型業務の根本的な相違は、予見可能性の有無にあります。定型業務では、「これをすればこうなる。だめならこうする」というように次の手順を予見することができます。さすがに「えいっ！どうにでもなれ」みたいな感覚で給与計算をしている方はいないでしょう。定型業務は、基本的にルールに従って物事を処理していくことになるので、スケジュールも組みやすく、かつ発生するコストも目処がつきます。

　これに対して、**非定型業務である労働事件は予見可能性が著しく低いものです。事例を学んで「おそらくこうなる」と予想していても、たいてい思わぬ方向に展開していきます。**相手方である社員の対応に翻弄されることもあれば、依頼者である経営者の対応に疲弊することもあります。経営者からの愚痴を聞きながら「でも、あなたが余計なことを言ったからでしょう」と内心つぶやいた経験は、先生方にもきっとあるでしょう。それでもぐっと耐えるのが大人の態度です。私の場合には、つい「社長があんなことを言うから」と口にしてしまいます。

　労働事件の予測が難しい理由は、根底にあるものが論理ではなく感情だからです。もしも事件が経済合理性だけで展開するのであれば、数字だけで判断できるので悩むことも少ないでしょう。ですが感情には合理性がありません。「その人」にしか理解できないところがあります。周囲からすれば「そんなことにこだわらず、争いを控えたほうが得なのに」と思えても、本人にとっては絶対に譲歩できないこともあるわけです。いくら努力しても、他人の感情を理解することなどできません。感情は見えないうえに、

時間とともに変化し続けるからです。**感情の移ろいが、労働事件をより複雑なものにしていくわけです。**私たちは、予想しない展開になると「話が大きくならないように」と焦ってしまいます。そこで無理にでも話をまとめようとすると、相手の感情を抑え込むことになりかねません。それがかえって当事者の反発を引き起こし、問題をいっそう難しくさせます。

　では、先の読みにくい労働事件への対処法はいかなるものでしょう。矛盾するように聞こえるかもしれませんが、それは労働事件の典型事例を知っておくことです。その目的は、「予想外の状況にある」ということをいち早く知るためです。**「自分が道から外れている」と認識できる人は、ゴールまでの道順を把握している人だけです。**そもそも道順をイメージできていない人は、自分が想定外の場所にいることすらわかりません。同じように、典型事例を把握している人でなければ、事案が予想外の展開になっていることを把握できません。「およそこんな感じだろう」という仮説を有することで、「本来の道から外れている。異常な状況だ」ということがわかります。**異常であることがわかれば、軌道修正を試みる、外部に支援を求めるといった、異常であることを前提にした対処を考えることができます。**仮説がなければ、ひたすら間違った方向に行進するだけになりかねません。気がつけばもはや後戻りすらできない状況に陥ってしまう可能性もあります。典型事例を頭に入れておくことは、炭鉱のカナリアを脳内で飼育するようなものです。予測しにくい分野だからこそ、予測できる範囲の精度を高めておくべきというわけです。

Ⅱ 立ち向かうための マインドセット

　ここまで、先生方が労働事件に悩んでしまう原因について触れてきました。顧客満足度を高めるためには、事件から逃げるわけにはいきません。「面倒なところもあるけど取り組まなければならない」と決意しただけでも大いなる一歩です。「為せば成る、為さねば成らぬ何事も」という上杉鷹山の言葉を胸に、学びを進めていきましょう。ここからは、実際に労働事件に関わる場合のマインドセットについてお伝えしていきます。

必要なのは「無駄な力を抜く」こと

　「なかなかうまくいかなくて。自分の力不足で変なことに」という連絡をもらうことがあります。真面目な先生に限って、トラブルの原因を自分のミスのようにとらえて自責の念に駆られてしまいます。責任感が強いことは評価されるべきことです。ですが、過度の責任感が自分の可能性を潰してしまうこともあります。物事がうまくいくかどうかなどは、「たまたま」といった要素が大きいものです。自分の思うように進まなくても気落ちする必要は

ありません。相談を受けたときには「なんでもうまく処理された
ら、私の仕事がなくなってしまいます」と軽く流すようにしてい
ます。**事件対応が上手な先生方は、たいてい肩の力がうまく抜け
ています。力を入れるべきところと抜くべきところを意識してい
るわけです。**常にフルパワーで取り組んでいたら、精神と身体を
維持できません。そこで「無駄な力を抜く」という観点から、押
さえてもらいたいマインドセットについて解説します。

 ## 勝つのではなく、解決する

　まず、**労働事件においては「勝つこと」にこだわらないという
こと**です。「勝つこと」と「解決すること」はまったくレベルの
違うものです。労使間の対立が発生してしまうと、当事者は「勝
ち負け」という枠組みで事案をとらえてしまいがちです。相手の
意見を聞くことを「自分が負けてしまっている」というように誤
解してしまいます。経営者から「なぜ問題社員の言うことを聞か
ないといけないのか。おかしいのは相手だろ」という憤りの感情
をぶつけられた先生もおそらくいるでしょう。あるいは面談をし
た社員から「会社の姿勢が信じられない」と言われたことがある
かもしれません。**このように労働事件が勝負として把握されると、
公正であることが求められる先生方として、なんともやりづらく
なります。**双方の落としどころを探ろうにも、当事者から「いっ
たいどちらの味方なのか」と問い詰められてしまうのが関の山で
す。
　労働事件を単なる勝負としてとらえれば、経営者が圧倒的に不
利です。時間と費用をかけたうえで、最終的には不本意ながら社

員に金銭を支払って終わりということがほとんどです。経営者には「なぜ支払う必要があるのか」という不満が残ります。そのうえ社員には「お金は当然。それで終わるのは許せない」という不満が残ります。双方にとってなんともすっきりしない気持ちで終わってしまうわけです。

　私は、「喧嘩をやめて」というスタンスで労働事件に臨んでいます。仮に問題のある社員という評価だったとしても、採用したときには「これから頑張ってほしい」と期待していたはずです。社員にしても「この職場で頑張ろう」という高いモチベーションを胸に入社しているわけでしょう。結果として、ボタンのかけ違いから双方が信頼を失ったとしても、円満に問題を解消したいものです。そのための先生方ということになります。

　繰り返しになりますが、労働事件では勝ち負けにこだわるべきではありません。**重要なことは、勝つことではなくて「早く終わらせる」ことです。**早く終わらせるためには、当事者双方に譲歩を求めることになります。私は事件として受任したとき、対峙する社員に「私の役割はバランスのとれた解決策で終わらせることだと思っています。そのために力を貸してください」と伝えることがあります。そのように、**きちんと自分の立場や方向性を伝えると、意外と理解を得ることができます。**

　物事をうまく解決させるためには、相手の顔を立てて、責任の所在をあえて曖昧にしておくこともひとつです。たいていのトラブルは、一方当事者に全面的なミスがあるというものではないです。双方のミスが重なりあって大きな問題になるのが通常です。ですから、**あえて責任を曖昧にしておくのも有効な手法です。**相手を言い負かすことに意味などありません。

目指すのは本質的な解決

　解決策を検討するときには、問題の本質的な解決を目指す必要があります。教科書的には、賠償金を中心に示談をして終わり、ということになるかもしれません。でも、小さな職場で感情的な対立が生じたときに、従前のまま働き続けることが労使双方にとって適切な解決策とは限りません。いったん感情的な軋轢が生じたなかで、「これまでのことは水に流して、やり直していきましょう」と簡単にいくはずもありません。むしろ流れたはずの水を再び集めて相手に浴びさせる人もいます。**ギクシャクした人間関係のなかでストレスを抱え込むよりは、相当の経済的負担を引き受けて、合意のうえで退職してもらうのも合理的判断です。**私は、トラブルになった案件では退職を前提にした解決を目指すことが多いです。問題の本質的な解決とは何か。これについて、綺麗な言葉でごまかすことなく現実的に考えるべきです。中途半端な対応では、労使双方にとって良い結果になりません。労働事件では、「本質的な解決策とは何か」を自問し続けてください。

　なお、**労使双方にとってバランスのとれた解決策を模索するうえでは、労働者の本音をくみ取ることがポイントになります。**不当解雇であるとして復職を求めている場合であっても、実際には退職を前提にした経済的解決を求めていることもあります。その内心の読みが、問題の早期解決を実現するうえで要となります。これについては本章Ⅲ（25ページ）も参考にしてください。

職域を守る

　次に意識するべきことは、職域を守るということです。労働事件に関与すると「なんとか問題を解決しよう」と熱心になりすぎて、無意識に職域を越えてしまう危険があります。社労士として対応できるのは、原則として助言と指導の範疇です。これを超えて交渉まで担当すると、「非弁行為である」として批判を受ける可能性があります。弁護士法は、弁護士でない者が報酬を得る目的で法律事務の取扱いなどを業として担当することを禁止しています。これに違反すると、２年以下の懲役または300万円以下の罰金に処される可能性があります。そもそも社労士としてのブランドにキズがついてしまいます。ですから、非弁行為にならないように細心の注意をしてください。

　もっとも、現場においては許容範囲が判然とせず、悩むときも多々あります。例えば、交渉に関与すると非弁行為に該当するリスクが高いといわれています。実際には、助言と交渉の境界線はそれほど明確ではありません。最終的にはケースバイケースで判断せざるを得ません。限界事例として問題になるのが「経営者の代理人」という立場です。先生方は、「社労士は、代理人になることができない。できるのはあくまで当事者の使者」という理解をしているはずです。通常は会社の使者という立場で労働事件に関わることが多いでしょう。

　代理人と使者では、本人のために機能する点において共通しますが、法的効果はまったく異なります。代理人は、本人のために自ら判断して行動することができます。**これに対して使者は、本人の主張などを伝達するだけで自ら判断して行動することはでき**

ません。先生方は、「使者」という立場を守るように意識してください。

　ときどき、「代理人という表現さえしなければ大丈夫」と誤解をしている方がいます。代理人あるいは使者という判断は、事案に応じて実質的に判断されますから、そのような単純なものでもないです。仮に代理人という言葉を出さなくても、実質的に代理人として対応すれば問題になります。社員と１対１で面談して当意即妙に回答をしていたら「それは代理人として交渉したのと同じではないか」という批判を受ける可能性があります。特に団体交渉においては、労働組合から指摘を受けることもありますので注意してください。

　「この行為は大丈夫なのか」と不安になったら、自分で対応せずに弁護士に任せるのもひとつです。「弁護士に任せると経営者から頼りなく思われないか」と危惧する方もいます。これは「任せること」と「丸投げすること」を混同しています。ここでいう「任せる」とは、あくまで役割分担という意味です。弁護士にしかできないところは弁護士に任せて、その他の部分でフォローすればいいのです。「あとはうまくやってください」と丸投げでは怒られるでしょうが、間接的であっても関与しておけば、経営者からの信頼に影響しません。むしろ勢いで越権行為に及んで、事後的にトラブルになることこそ経営者の信用を失墜させます。「ここまではできます。ここからはできないので弁護士を紹介します」というようにきちんとバトンタッチができれば、経営者から苦情を言われることもありません。**「できる範囲をがんばる。できない部分は任せる」というのが、あるべき職業倫理です。**

書面を活用し、口頭説明は最小限に

　先生方が社員とやりとりをする際、経営者が同席をしていれば「非弁行為だ」と問題になることはあまりないでしょう。問題視されるのは、経営者から懇願されて単独で社員との面談に立ち会わざるを得ないような場合です。

　このような場合には、**事前に会社と協議して、伝える内容を書面にしておくといいでしょう。口頭での説明は、必要最小限で済ませるようにしてください。**この書面の作成名義は、あくまで会社ということになります。社員との面談時は、できるだけ書面を交付するだけにします。会社の作成した書面を持参しただけという体裁にするということです。口頭で説明をしていると、随所で質問を受けることになります。人は、質問されると相手への配慮からつい回答してしまいます。すると「これは交渉と同じでは」ということになります。仮に質問を受けたとしても、即答するのは一般的な手続き的説明にとどめるべきです。判断を求められる質問については、「判断を伴うことなので回答することができません。質問があれば会社宛に書面でください」とでも伝えて即答しないようにしましょう。回答を拒否したことで相手から詰め寄られそうなときは、「自分の能力不足で申し訳ない」とでも言って場を納めてください。くだらないプライドにこだわっても仕方ないので、要領よく対処したほうがいいです。

議論をせず、ときに手放す

　最後にお伝えするのが**議論をしない**ということです。労働事件は、労使双方が感情的になってしまいます。特に事件が勃発して間もないときには、なかなか冷静な話ができません。こういった**感情を、議論で抑制しようなんて思わないこと**です。経験からして、たいてい地獄を見ることになります。

　例えば経営者との関係で見てみましょう。労働事件が勃発すれば、「これって会社に責任があるよね」と言いたくなる場面に出くわすことは珍しくありません。ダイレクトに伝えると経営者の感情に油を注ぐことになるので、伝え方には細心の注意を要します。この伝え方が実に難しいわけです。理路整然と伝えれば、経営者としてもわかってくれる、というのは大いなる誤解です。むしろ「こういうことが起きないための社労士ではないのか」と言われなき批判を受けた方もいます。

　社員への対応も同じです。いわゆる問題社員のなかには、社労士の先生でも即答できないような細かい制度について調べ尽くしている人がいます。「そのモチベーションはいったいどこから湧き上がってくるのか」と思わず唸ってしまいます。ただ、体系的に何かを学んでいるとは限らず、ネットなどで自分に都合のよい情報だけをかき集めているだけのケースも少なくありません。それでいて「自分は前職で労働法を学んでいた」と自信ありげに語られてしまいます。聞いている側としても「前職でも同じようにトラブルを起こしたのではないか」と思わず勘繰りたくもなります。こういうときに、「それは間違っています。正しくはこうです」と正論を説いてもうまくいきません。議論は平行線のまま、余計

に反発を強めることになります。こういうときには、「あなたの言い分はわかりました。ただし、私の理解とは異なっています。私の理解はこういうものです。会社としては、こういう取扱いになります。会社の取扱いが間違っているというのであれば、裁判などをしていただくしかないです」と回答するのもひとつです。

　「議論について決着をつけなければならない」というのは、先生方が陥りやすい誤解のひとつです。労働事件においては、労使双方の歩み寄りがうまくいかず、議論が平行線のままということが珍しくありません。もちろん結論が出ればいいのですが、そう簡単にいくものでもありません。労使双方から「どうにかしてください」と言われると対応に苦慮してしまうでしょう。こういうときに、なんとか決着をつけようとして無理をするとたいてい躓きます。**そもそも先生方には、「これが正解だ」「これが真実だ」と判断する権限などありません。**仮に勝手に判断すれば、それこそ「なぜ社労士が判断できるのか」という問題になります。弁護士にしても確定的な判断をすることなどできません。最終的な判断ができるのは、紛争解決システムとしての司法だけです。ですから議論が平行線のままという状況になれば、当事者に対して「それなら裁判所の判断を仰ぐしかないです」とはっきり伝え、自分の手から放すべきです。**自分にはできないと判断したら、きちんと手放すことも士業の責任のひとつでしょう。**

難しい社員への対応

　ここで、難しい社員への対応方法について補足しておきます。とある事案で、とある社労士の先生が社員の対応に悩んでいました。経営者からの依頼で、問題社員を指導するという名目での面談でした。将来における退職勧奨を視野に入れたものだったようです。社員も「これは退職させるためかも」とどこかで気がついたのでしょう、面談では先生からの指導はそっちのけで、会社の労務管理における問題点を口角に泡を立てながら責め立ててきました。そこでは「前の会社だったら」という表現が繰り返されたようです。前職の職場環境のすばらしさをひたすら語って、現在の職場のひどさをことさら強調する人はよくいます。

　この先生は、面談時に休職に関して細かいことを質問されたそうです。「プロだからなんとか回答しなければ」と焦るほどに言葉が出ず、「持ち帰って確認します」と口にしました。すると社員は鬼の首を取ったように「それで本当に社労士ですか。専門家ですか」という趣旨の発言をして、先生を追い込んでしまいました。先生としては言葉もなく「すみません」と謝るばかり。社員は専門家に議論で勝ったと悦に入ったようです。資格に対する羨望なのか、無駄に議論を仕掛けてくる人がいるものです。

　そこで私がバトンを受け取って、協議を再開しました。社員は、今度も同じように打ち負かしてやろうと思っていたのでしょう。ひたすら細かいところをいろいろ質問してきました。私にしてもわかるはずがありません。そこで「改めて回答させてください」と伝えました。すると、待っていましたとばかりに「それでも弁護士か」と。そこで「そうですね。わからないため即答はできま

せん。役に立たない弁護士で申し訳ない」と言って話を終わらせました。社員は肩透かしにあったようなものです。**議論になりそうだったら、あえて一歩引く。それだけでもストレスが軽減されますし、不毛な議論から身を守ることになります。**何事も受け流すという姿勢が大事です。

なお、こういった社員とのやりとりは、スマホなどで秘密録音されているものです。発言内容にはくれぐれも注意してください。

Ⅲ 解決手段の解像度を高める

　労働事件に向けたマインドセットを確認できたところで、紛争解決の手段について整理しておきます。労働事件を解決する手段には、さまざまなものがあります。事案に応じてベストな手段を選択していくことになります。先生方は、労働審判が申し立てられたと聞けば、「いよいよ裁判になったか」と思考停止になってしまいがちです。できれば「なぜ当該事案で労働審判になったか」まで深く考えていただきたいところです。そのためには、手段の特徴を把握しておくことが必要でしょう。労働事件の展開を予測するうえでも有益ですので、まずは各手段の特徴を俯瞰していきましょう。

　当たり前ですが、事件では解決に向けて話を進めていくことになります。当事者の協議だけで解決に至ればいいのですが、うまくいくとは限りません。そこで紛争解決システムとしての訴訟などが用意されています。紛争解決のためにいかなる手段を選択するかは、関与する弁護士が中心となり決定していきます。交渉で終わらせるのか、労働審判までするのかなど…。先生方も、紛争解決の手段についてぼんやりとしたイメージであればお持ちでしょう。その解像度をもう少し高めてみましょう。

紛争解決手段の整理

　弁護士は、なんとなく手段を選択しているわけではありません。各手段のメリット・デメリットを比較考量しながら、採用する手段を決定していきます。そこで私なりの判断基準をお伝えしておきます。これを共有しておけば、労働事件における弁護士との協議もスムーズに進めることができます。

　まず、**事件の概要を確認して、交渉による解決の可能性について当たりをつけます**。ここでは事件の性質だけではなく、手続きに伴う費用についても考えます。例えばパワハラ事件の場合には、慰謝料数十万円というのが一般的な相場ですから、パワハラだけで訴訟をしたら社員にしても費用倒れになるリスクがあります。そこで社員から残業代請求といった追加的な請求がなされる可能性なども検討していきます。

　ちなみに、労働者が労働事件で求めるものは、①経済的補償、②個人的名誉、③社会的意義に大別されます。一般的には、タテマエがどうであれ、①経済的補償としての解決金などを求めることが多いです。そのため、労働審判で終了するケースが相当あります。次に、②個人的名誉というのは、「金銭的なものではなく、自分が違法な行為をされたので名誉などを回復したい」という要求です。例えば、不当解雇された事案で復職について強いこだわりがあるような場合です。そこには「不当な扱いをした会社は許せない」という感情もあります。このような事案だと、訴訟で徹底的に争われることも少なくありません。最後に、③社会的意義というのは、個人としての問題というよりも「社会全体として考えてほしい」という問題提起の趣旨で争われるケースです。メディ

アなどを通じて世に問うというイメージです。例えば同一労働同一賃金について、先生方もいろいろ情報を集め研究しているでしょう。ですが、関与先が同一労働同一賃金を直接の論点として実際に訴えられたという経験は、おそらくあまりないでしょう。**労働事件の解決手段を選択するうえでは、こういった「社員は何を実現したいのか」についての筋読みは欠かせません。**

 ## 「あっせん手続」と「調停」

事件は、できるだけ交渉で早期に解決したいものです。もっとも交渉は、当事者だけでうまくいくとは限りません。**「これは交渉でいけるだろう」と判断した場合でも、相手の性格からして協議の場に第三者を含めたほうがいいときもあります。**そのときは「労働局のあっせん手続」、あるいは「調停」を利用することになります。いずれも第三者が間に入って合意形成に協力してくれます。

私は、**先生方において労働局のあっせん手続をもっと活用するべきと考えています。**書面の書き方などをアドバイスして、先生方に担当してもらうことも多々あります。社員側から始めることもあれば、会社側から始めることもあります。あっせん手続を推奨するのは、手続きが簡単で、かつ会社の負担する解決金の相場が低額だからです。

調停は、労働局のあっせん手続に比較してもう少し協議を要する場合などに利用します。私は、あっせん手続を利用せずに調停を活用することが多いです。あっせんで終わりそうな事案は、社労士の方に任せているからです。労働事件を担当していると、社

員が自説に依拠してしまって議論が噛み合わないときがあります。あるいは複数の社員がいっせいに請求をしてきて、議論が整理しきれないときもあります。ひたすら交渉継続ということになると、終わりが見えずつらいものがあります。そういうときには調停を会社から申し立て、合意形成を目指します。**各自が調停のルールのなかで主張をするようになるため、議論の整理が進みます。**特に、一度決めたことを協議のなかで蒸し返すようなタイプの人を相手にするときには効果的な手法です。

　少しばかり系統は違いますが、団体交渉も「交渉」のひとつという位置づけになります。ご存じのように労働組合から団体交渉の申入れがあれば、原則として応じる義務があります。聞きかじりの知識を持つ第三者がコンサルタントと称して関与し、「団体交渉なんて応じる義理はない」と経営者にアドバイスしていて揉めたことがあります。労働事件では、自称専門家のような者が出てくるときがあります。たいてい話を混乱させるだけなのです。それにもかかわらず、強い言葉を連発することで神のようにあがめられているので不思議なものです。「そのアドバイスは根本的に間違っていますよ」という説得から始めなければならないので、対処する側としても大変です。

 ## 「労働審判」と「訴訟」

　次に、「冷静な交渉ができない」あるいは「交渉を試みたものの、うまくいかない」という場合について話を進めましょう。交渉がうまくいかない原因のひとつには、「自分から譲歩することはプライドが許さない」という感情的なものがあります。「ここは譲

歩したほうがいい」と戦略的にアドバイスしても、うまくいきません。こういった場合には、第三者的な立場から解決策を提示してもらうしかないです。

　そこで手段としては、「労働審判」と「訴訟」ということになります。いずれも裁判所を介した手続きであることが共通しています。**調停と労働審判・訴訟は、同じく裁判所が関与するものですが、解決策の提示の有無という点において異なります。**調停はあくまで当事者の協議をサポートするのが目的であるため、調停委員から積極的に「こんな解決策はどうですか」という提案はありません。また、当事者双方が「ではこれで応じます」と合意して初めて紛争が解決することになります。これに対して労働審判・訴訟では、裁判所から「これでどうでしょう」という解決案の提示がたいていあります。例えば「解決金として200万円を会社が負担することでどうでしょう」といったものです。この提案に双方が応じれば、手続きとして終了します。いずれかが拒否しても、最終的には審判あるいは判決という形式で、当事者の意向に関係なく事案が終了することになります。なお、労働審判でなされた審判に不服があれば、訴訟に移行して、最終的に判決で終わることになります。

　では、労働審判と訴訟の相違についても見ておきましょう。細かい違いとしてはいろいろありますが、**労働審判は、労働事件に限ってスピード感を持ってざっくり解決しましょうというものです。**労働事件の訴訟では、たいてい相当の時間を要します。1年以上の期間を要するケースも珍しくありません。当初は「絶対に勝ってやる」とモチベーションの高い当事者も、日頃の生活もあるため次第に疲弊していきます。そこで、基本的に3回以内の期日という短期間で問題を終了させるために用意された制度が労働

審判ということになります。

　労働審判ではスピード解決を重視されるために、訴訟に比較して緻密な判断はされません。労使双方としても一発勝負的なプレゼンテーションを経て、解決案をもらうことになります。ですから、1回目のプレゼンテーションにおける事前準備がすべてを決するところがあります。労働審判は、不当解雇の事案でよく利用されています。逆に、残業代請求といった緻密な事実認定を要するものについてはあまり利用されません。利用されても「これは事件の性質から、労働審判ではなく訴訟で」ということで訴訟にまわされることもあります。

　労働審判を申し立てる側は、たいてい徹底的に争うというよりも金銭的に早期に解決したいという意図を持っています。不当解雇で争う場合には、「職場に戻せ」という請求をしつつも、最終的には解決金を前提にした退職で終了するケースが多いです。社員としても、いったん解雇された職場で勤務したいという気持ちにもなかなかならないでしょう。個人的な印象では、労働審判における7割程度は合意で終了しています。

　なお労働審判の期日には、顧客満足度を高めるために先生方も同行するべきです。待合室で待機しているだけでも十分です。労働審判で協議が成立すると、具体的な取決めの内容を確認していきます。その際、関与している先生に横にいてもらえると随分気が楽です。例えば「解雇を会社都合退職に切り替えます。離職票の変更や助成金への影響は大丈夫でしょうか」などと質問することになります。

補佐人の強みは「自分ごと」になること

　「先生方も裁判に関わるべきです」とセミナーでお伝えしたときに、「補佐人の経験がなくて」と相談を受けたことがあります。これは裁判の関わり方をあまりにも狭くとらえすぎています。あまり補佐人という制度にこだわるべきではありません。関わり方はどうであれ、要は裁判の進行についてきちんとフォローして、必要に応じて対処していけばいいだけです。

　とはいえ社労士の視点で労働事件を語るうえで、補佐人制度を無視するわけにはいかないので、これについても触れておきましょう。ご存じのように社労士は、特定資格の有無に関係なく労働事件に関して補佐人として弁護士とともに裁判所に出頭できるとされています。あくまで「弁護士とともに」という制約はあるものの、自ら出頭できると労働事件についてより近いところで関与することができます。これは顧客にしても「頼りがいがある存在」といえるでしょう。

　もちろん補佐人は、弁護士と同じ役割を担うことができるわけではありません。あくまで可能なことは、弁護士である訴訟代理人とともに訴訟の期日に出席して「陳述すること」のみです。弁護士のように尋問などはすることができません。なお、労働審判に補佐人として参加するためには、裁判所の許可が必要と解されているため注意してください。訴訟のように当然に補佐人として参加できるわけではないということです。

　補佐人として主に担当していただくのは、弁護士が作成する書面の支援、関係する資料の用意および顧客からヒアリングした内容の整理といったものになります。弁護士とともに事前に用意し

たものを、ともに法廷に提出するようなイメージといえばわかりやすいかもしれません。これはいわば役割分担のようなものです。ひとつの事件を弁護士と社労士という異なった視点でとらえることで、より精度の高い主張などを展開していくことができるはずです。それぞれの士業が、それぞれの役割を尽くす。それが翻って顧客の満足にもつながります。

　補佐人を経験することで、労働事件をよりリアルにとらえることができます。それは先生方の普段の業務のスキルアップにもつながるはずです。だからこそ私は、先生方にぜひ補佐人に挑戦していただきたいと考えています。

　もっとも現実には、補佐人を経験した先生方が圧倒的に少ないわけです。その理由はさまざまでしょうが、ひとつには協力してくれる弁護士が少ないことが挙げられるかもしれません。弁護士には、「訴訟は弁護士の専属領域。自分ひとりでやったほうが早いし顧客の受けもいい」という発想があるのかもしれません。ですがこういった狭い了見では、複雑化する労働事件にうまく対応していけるとは限りません。「士業の垣根を越えて事案を解決していこう」という発想の弁護士の方もきっといるはずです。ですから、さまざまなタイプの弁護士の方と会ってみて「この人であれば」という人を自ら見つけて、ともに事案を担当してみてください。社労士は弁護士から学び、弁護士は社労士から学ぶ。そういった相乗効果こそ理想的な士業同士の関係です。

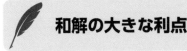

和解の大きな利点

　労働審判にしても訴訟にしても、たいてい手続きの途中で裁判所から解決案が提示されます。解決案の提示もなく「判決をします」ということは、当事者が「絶対に和解には応じない」と強い意向を示していない限り、通常ありません。裁判所としても、できるだけ和解で終了させたいと考えているものです。

　和解は裁判官の技量が試されるところです。裁判官の「和解に応じさせる能力」には、相当の個人差があります。対立する当事者の意見に寄り添いつつも妥当な解決策を受け入れさせるには、論理力だけではなく共感力や表現力といったものも要します。「この裁判官は和解案の提示がうまい。双方の顔を立てている」と感じ入ることもあります。もちろんこういった能力は、弁護士や社労士にも求められます。

　私は基本的に、労働事件を和解によって終了させるようにしています。判決まで至ることは滅多にないです。もちろん弁護士のスタイルとして「ぜったいに白黒つける」という方もいます。いずれのスタイルが正しいというものではありません。依頼者が自分の価値観に合った弁護士に依頼すればいいだけです。私の場合には、「目くじら立てて争わず、早く終えて次のことにとりかかりましょう」という緩いスタンスというだけです。かつて宮沢賢治は、「雨ニモマケズ」のなかで「北に喧嘩や訴訟があれば　つまらないからやめろと言い」と書きましたが、まさに同感です。

　和解には、和解であるがゆえの利点があります。それは、付随的な取決めをすることができるということです。判決の場合には、あくまで原告の請求について判断がされるだけです。ですから「賠

償金として〇〇円支払え」といった、とてもシンプルな判断がなされるわけです。これに対して和解の場合には、「解決金を支払って退職してもらう」「口外禁止条項を含む」といった柔軟な取決めをすることができます。これは大きな利点です。経営者としては、「解決金を支払ったことを他の社員に知られたら困る」というニーズがやはりあります。判決では、こういった経営者ニーズをうまく反映することができません。判決は公開されますから、社員が他の社員に判決内容を伝えたからといって違法にはなりません。労働事件では、圧倒的に経営者が不利な立場にあるということです。判決となれば、経営者の負担だけが強いられるケースも少なくありません。不利な状況のなかでできるだけ被害を抑えるために、和解による解決を目指すべきでしょう。

 ## 労働審判を会社から申し立てる!?

　ここで、労働審判や訴訟の少し変わった利用方法について説明しておきます。先生方も、自説をまくしたてるなど、対応に苦慮する社員に遭遇したことがあるでしょう。なかには、自分の携帯番号やLINEを安易に伝えてしまい、電話攻撃で参ってしまった先生もいます。言語道断ですが、経営者が無断で先生の連絡先を伝えたということもありました。このときはさすがに同情しかなく、「一杯行きますか」と伝えました。

　社員が自分の不遇に対して不満を述べて、改善を求めるのは当然のことです。同時に、何事にも「限度」というものがあります。**要求内容あるいは要求方法が社会的相当性を逸脱している場合には、もはやクレーマーとして対応するべき**と個人的には考えてい

ます。実際に社員の家族が執拗に電話や面談を求めてきて、担当者が過度のストレスに苛まれていた事業所もあります。

　こういったクレーマーを相手にする場合には、労働審判・訴訟といった裁判手続を、会社側から申し立てることもあります。裁判手続を利用すれば、すべての手続きが相手のペースではなく裁判所のルールのもとで展開していくので、不適切発言などを防止することができるからです。先生方にしても「こんな交渉を続けるならいっそ裁判でもしてもらったほうがいい」と感じるときがあるでしょう。そういう場合に限って、なかなか裁判をしてきません。そこで会社から労働審判あるいは訴訟を開始して、裁判手続に乗せていくのです。労働審判については、「労働者のための制度だから」と誤解している方もいますが、会社から申立てをすることもできます。目的もなく交渉を継続するよりも話がスムーズです。会社から申立てをするときには、「（解雇によって）労働者たる地位を喪失していることの確認を求める」「（パワハラによる）損害賠償債務を負担しないことの確認を求める」といった形式になります。

　セミナーでもよく話すのですが、私たちは、新しい道具を手に入れることには熱心です。ですが、手に入れた道具を磨き上げるという発想を持っていません。これは知識にしても同じことが指摘できます。先生方は、労働審判という手続きについてすでにご存じでしょう。ですが、「会社から申し立てる」という発想を持ったことは、おそらくないでしょう。「労働者からしか申立てできない」と誤解していると、労働審判の機能を半分しか活用していないことになります。

　これは業務全般についても通じるところがあります。私たちは、とかく問題に対峙すると、解決をするために新しいノウハウを求

めてセミナーなどに参加します。「新しいノウハウさえ身につければ、問題を解決できる」ということが暗黙の前提となっているともいえます。ですが、新しいものが本当に役に立つかは誰にもわからないことです。むしろ「学んだ、知った」ということで満足してしまい、問題から目を背けてしまう危険も出てきます。**本当に役に立つものは、たいてい月並みでありふれたものです。**

これに関連して「労働事件に関与していくために、やはり特定社労士の資格を持つべきでしょうか」という相談を受けることもあります。もちろん特定社労士になれば選択の幅が広がるでしょうから、資格として有しておくことに越したことはありません。ただ、特定社労士でなければ労働事件に関わることができないというものでもありません。社労士の資格のなかでも対応できることはいろいろあります。自分にできることを、きちんとこなす。それが何より大事でしょう。

では、私が会社から労働審判などを申し立てるケースについて列挙しておきます。

会社から労働審判などを申し立てるケース

- 当事者ではなく、家族や知人といった第三者が関与して混乱している
- 本人が自説に固執して交渉が平行線のまま
- 複数の社員がいっせいに会社に要求をして収拾がつかない
- 会社に問題があるものの、解決金で折り合いがつかない
- 本人からの要求が執拗で、普段の業務にも支障が出ている
- 要求内容が二転三転して交渉の進展がまったくない

おそらく思い当たるケースがあるでしょうから、ぜひ活用を検討してみてください。労働審判にこだわる必要もなく、労働局の

あっせんとして会社側から申し立てるのもひとつです。もっとも、実際の申立てをするときには記載方法などで工夫を要することもあるため、事前に労働事件を扱う弁護士にアドバイスをもらっておくのがいいでしょう。

　ここまで、問題解決手段の概要を確認してきました。これを踏まえ、次章からは典型事例について「ここは見落としがちだな」というポイントを解説していきます。なお、労働契約は、締結（採用）、履行（育成）、終了（離職）という一生を遂げます。そのため本書でも、採用、育成、離職というステップごとに解説をしていきます。

第1章

採 用

はじまりがすべてを決める

I すべての労働事件は採用に通じる

 中途採用では前職の事業規模に要注意

　中小企業の経営者から「上場企業で勤務している人を採用することにした」と相談されると、一抹の不安を覚えます。「たしかに」と頷く先生もいるかもしれません。もちろん上場企業に採用されるくらいですから、個人としてのスキルは高いはずです。人格も言うことなしかもしれません。それでも採用してトラブルになるケースは相当数あります。例えば「大手企業のOBを総務の幹部として採用したら、パワハラ気質で…」といった相談です。

　中小企業は、経営資源が限られているため即戦力を求める傾向があり、中途採用への依存度が高いです。労働人口が減少している現状では、高齢の中途採用者も珍しくありません。**中途採用者への依存度が高いがゆえに、経営者と中途採用者でトラブルが生じてしまいがちです。**典型的な事例としては、大企業出身者を安易に採用したら、期待したパフォーマンスが出ないのみならず、会社への不満ばかり述べられるというものです。大企業と中小企業では、事業規模に圧倒的な差異があり、福利厚生のレベルもまっ

たく違います。大企業の社員にとって「当たり前のこと」であっても、中小企業においてそうであるとは限りません。例えばパワハラが問題となる事例では、問題解決のために「加害者を配置転換しましょう」と安易にアドバイスする方がいます。ですが中小企業にとっては、配置転換ひとつにしても、なかなかできるものではありません。**中途採用をする場合には、対象者が経験を積んできた企業の事業規模も意識しておくべきです。**あまりにもかけ離れた規模の企業だと、採用しても「権利意識だけ強くて困る」という評価になりかねません。

実績と年収の乖離はなぜ起こる？

もう少し、中途採用におけるトラブルを細かく検討してみましょう。**相談として多いものは、「実績と年収の乖離」に関する**ものです。ものすごく簡単に言うと、期待したほど実績を出せていないのに、年収だけ高いということです。「妥当な賃金」というのは労使双方にとって永遠のテーマであり、正解はないです。経営者からすれば、「この程度の実績しか出せないなら賃金が高すぎる」と不満があるかもしれません。ですが社員にしてみれば、「実績が出せないのは自分の責任ではない。自分の経歴と努力からすれば、年収はむしろ低すぎる」ということになります。賃金は、企業にとって固定費であり、会社の都合だけで自由に減額できるものではありません。ですから経営者から「どうにか賃金を見直したい」と相談を受けても、「これだ」という妙案を見いだしにくいところです。せめてもとばかりに賃金表の作成を提案して、お茶を濁すことになりがちです。そもそも、こういった実績

と年収の乖離という現象の原因は、どこにあるのでしょう。

　根本的な原因は、前職をベースに労働条件を設定してしまうことです。経営者は、「大手の○○社で営業を担当してきた者が来てくれる」となると浮き足立つものです。たいてい先生方に話がやってきたときには採用ありきということになっています。人手不足のなかで実績を出せそうな人を確保できるのは、経営者としてやはりうれしいものでしょう。もっとも、ここにはふたつの問題があります。

（1）能力に対する過度の期待

　ひとつは、能力に対する過度の期待です。大手出身といえども業種や規模が違うのですから、転職先でも同じように活躍できるとは限りません。しかも「前職では○○といったプロジェクトを成功させた」と言っても、あくまで本人による自己申告でしかなく信憑性がありません。仮に実際にプロジェクトに参画していたとしても、影響力の範囲についてはわかりません。**つまり前職における実績は、転職先における活躍の可能性を何ら担保しないということです。**それなのに「大手出身者だから活躍してくれる」と過度の期待を寄せてしまいます。心理学でいうところのハロー効果というものです。

（2）期待値だけに依拠した賃金の設定

　もうひとつの問題は、**期待値だけに依拠した賃金の設定**です。当たり前ですが、賃金は各社独自の基準によって決めるべきものです。それにもかかわらず経営者は、期待値の高い中途採用者に関して、自社の賃金基準を無視して前職の年収をベースにした初任給を設定してしまうことがあります。つまり、期待値だけで賃

金を決めてしまうのです。もちろん「せっかく来てくれるのだから、生活の質を落とさせるわけにはいかない。前職並みくらいは維持しないと自社には来てくれないだろう」という経営者の気持ちもわかります。ですが、これでは自社の基準を放棄したことと同じです。前職ベースで賃金を設定すると、たいてい自社の基準に比較して高額になります。ときには長年勤務した部長よりも高額になってしまうことすらあります。すると「さすがに基本給でベテランよりも高額になるのはまずい。基本給は抑え気味にして、適当な手当で調整しよう」ということになります。こうして帳尻合わせのための手当が設定されます。

ときどき、やけに手当の種類が多い会社に出会います。**中途採用者の賃金を、場当たり的な手当で調整しているわけです。こういう会社は、労務管理全般について杜撰な傾向が見受けられるので注意を要します。**私は、「手当の種類は必要最小限で」と顧問先に伝えるようにしています。そもそも皆勤手当など、ラジオ体操ではないのですから理解できません。同一労働同一賃金のもとで手当がむやみにあるというのは、リスクでしかないです。**先生方も賃金表を策定するときには、できるだけシンプルなものを目指してください。**複雑なものを作成しても、運用できなければ意味がありません。

 ## 期待値を具現化し、コンセンサスをとる

前述のように、前職ベースで労働条件を設定すると、実績に合わせて年収を調整する際に苦労します。1年後に減額をしようように

も「話が違う。自分は努力しているのに減額は不当だ」と反発されることが目に見えています。基本的に相手の同意がない限りは減額もできません。こういったリスクを回避するためには、やはり自社の基準で賃金を提示するべきです、というのがタテマエですが、現実はそれほど甘くはないです。年収が下がるのであれば、よほど年収の他に魅力がなければ転職しないでしょう。「とりあえず有期雇用契約から始めてみませんか」とアドバイスする先生もいますが、なかなか厳しいものがあります。雇用される側として有期雇用では生活の安定が確保できません。いざ契約というときになって「とりあえず1年を目処に有期雇用契約から始めさせてください。問題がなければ無期雇用契約に切り替えましょう」というのは、後出しジャンケンみたいなもので、不信感を抱かせます。

　そこで、**無期雇用を前提にしたうえで人件費を調整できる余地を残す手立てを考える必要があります。**「これが唯一の正解」というものはないのですが、私なりの対処法について触れておきます。

　賃金に関して認識の相違が生じてしまう原因は、経営者の期待値が共有できていないことにあります。経営者は、「せめてこのくらいは達成してくれるであろう」と期待しているものです。労働者としても「前職の経験もあるからなんとかなるだろう」と軽く考えてしまいがちです。ですが実際に働いてみると、たいてい思うようにはいきません。「大々的に広告をやってみましょう」と提案しても「そんな予算はない」と否定され、「新しいサービスを始めましょう」と声をあげても「人手がない」と否定される。次第に「これでは自分のやりたいことができない。それで数字を出せと言われても無理だ」という気持ちになります。すると、自

ずと社員の目標値が経営者の期待値を大幅に下回るようになります。

　ですから私は、**最初の時点で経営者の期待値を数字で示し、コンセンサスを形成しておくことを推奨しています**。そのうえで、1年後に数字が未達成となれば、減額も含めて協議する旨を契約内容として入れるようにしています。具体的な表現としては、契約書の特記事項として「法人顧客を1年間で新規に10件開拓することを目標値と定める。これに達しない場合には、翌年以降の賃金について、減額も含め改めて協議する」ということを入れています。もちろん挿入したからといって、必ず減額できるというものではありません。それでも「目標値に未達の場合には減額の提示を受けることもある」と契約書で明記すると、たいてい協議には応じてくれます。このようにすると、実績に応じた年収の修正が提案しやすいです。実際に減額するかどうかは、経営者の判断に任せることになります。**減額を含めた交渉の余地を確保しておくことがポイントです**。

 ## 社労士が採用に関与しよう

　これまでは中途採用を前提に話をしてきました。ここからはもう少し広く、採用一般について確認していきましょう。具体的には、採用のミスマッチを削減する方法についてです。**労働事件の原因を紐解いていけば、最終的には採用のミスマッチに至ります**。人手不足が深刻化するなかで「応募があっただけありがたい」と安易に採用してしまって、労働事件に至るケースがあまりにも多いわけです。せっかくコストをかけて採用したにもかかわらず、

事件になって退職というのでは、労使双方にとって不幸なことです。ですから、**労働事件を予防するためにも採用方法を徹底的に見直すべきです。**

　一般的に社労士は、採用が決まった後の手続きから関与するケースがいまだに多いです。採用は経営者任せであり、そのためコンサルタントと称する方が、採用を事業として積極的に展開しています。これは不思議な光景です。**先生方は、採用後の職場環境をトータルでコーディネートする立場です。そうであればこそ、採用から関わることで、より効率的に職場環境をデザインできるはずです。**「もっと社労士が採用に関与すべき」というのが持論ですし、経営者ニーズに応えることにもなります。労働事件の予防という観点からしても、採用後の入社手続から関与するのでは遅すぎます。「経営者から声がかからないから」と言うのであれば、自分から声をかけるまでです。待っているだけでは何もうまくいきません。もっとも「関与したくても、関与の仕方がわからない」という声もあります。そこで、私が関わりのある先生方にアドバイスしていることをいくつかご紹介します。

 ## 「採用に強い会社」の定義

　世の中には、採用に強い会社と弱い会社があります。採用に強いと聞くと「SNSでのブランディングが上手」「メディアで取り上げられて知名度がある」といった表面的なところばかりが注目されてしまいがちです。ですが、SNSで目立つけれども離職者に悩んでいる会社もあれば、逆に地味で目立たない会社なのに安定した採用に成功している会社もあります。**採用も、印象だけで実**

態を掴むことはできないということです。見栄えは、費用さえかけなければなんとでも作り上げることができます。

　先生方は、「採用に強い会社とは」と問われたとき、いかに回答するでしょうか。たんに応募総数が多い会社というように安易に考えていませんか。100人の応募があっても自社に合った人でなければ意味がありません。たったひとりの応募でも自社に合った人であれば問題はありません。ですから採用の強さは、応募者数に比例するものではありません。私は**採用に強い会社の定義として、「離職率が低く、必要な人員を確保している会社」**ととらえています。この定義をもとに採用の戦略を設定します。

 ## まずは離職の原因を特定する

　まず、定義に基づき離職率を抑える施策から始めていくことになります。いくら応募数を増やしても、離職者が多ければ穴の空いたバケツに水を入れるようなものです。厚生労働省が毎年発表している「雇用動向調査結果の概要」では、日本の産業別の離職率が示されています。これを大きく超えるような離職率であれば、企業に何かしらの問題があると考えるべきでしょう。**採用に強い会社は、採用に直結していない労務管理もしっかりしています。**勤怠管理や就業規則の整備などです。離職者が多いというときには、「上司がパワハラ体質」「あまりにも長時間労働が多い」など、離職するだけの原因があります。原因を特定するだけでも経営者にとって目から鱗です。原因さえ特定できれば、就業規則を見直すなど先生方の普段のやり方で適宜修正していけばいいだけです。

「原因を特定する」という視点は、士業がサービスを提供するうえでも意識するべきところです。私たちは、とかく「自分の提供したいサービス」を提供できるように経営者の話を聞いてしまいがちです。サービスから問題を選択してしまっています。これでは論理関係が逆です。**問題からサービスを選択しなければ、経営者の悩みの解決になりません。ですからサービスをいったん横に置いて、問題の原因を見つけだすことに時間を割くようにしてください。**原因さえ特定できれば、問題は8割解決できたようなものです。

募集方法はハローワークがお勧め

　こういった下準備をしたうえで、採用について考えていきます。採用は、募集と選考というふたつのプロセスから成り立ちます。募集方法にはさまざまなものがありますが、中小企業にとってはハローワークが圧倒的に便利です。「いろいろ費用をかけてきたけど、やはり中途採用はハローワークがベスト」という経営者の声は少なくありません。

　その理由は、ハローワークで応募してくる方のモチベーションの高さにあると考えています。最近の採用媒体は、応募数を増やすべくできるだけ簡単に応募できるように工夫されています。簡単に応募できるということは、「とりあえず応募してみよう」という程度のモチベーションの方も応募してくるということです。**それに対して、ハローワークにおける応募は、他の採用媒体に比較して手間がかかります。手間をかけても応募してくるのは、「この町でなんとか仕事を探さないと」という強いモチベーションの**

表れです。こういったモチベーションの高い方と出会いやすいというのが、ハローワークによる求人の強みであると考えています。私は経営者向けセミナーで、「ハローワークの手続きすら面倒に感じる人を本当に採用したいのか、冷静に考えてみてください」と伝えることがあります。たいてい大きく頷かれます。募集方法をいたずらに増やすよりも、ハローワークの求人票のレベルを磨き上げるほうが現実的です。

　求人票の記載については、専門の本も多数出ているので参考にしてください。経営者には、ハローワークの求人票の書き方を工夫するという発想がないです。そのため、アドバイスするだけでも喜ばれます。私はハローワークの求人をメインに、自社オリジナルの採用サイトを構築して求人のフローを作るようにしています。採用サイトの目的は、応募数を増やすことではなくて、自社に合わない人の応募を回避することにあります。**採用は、応募数さえ増やせばいいというものではありません。自社に合った人材を確保しなければ、労働事件を防ぐことになりません。**また、採用サイトで自社を少しでも良く見せようと話を盛りすぎると、入社後に「イメージと違う」ということで離職につながります。離職を防止するためには、新入社員が入社前に抱くイメージと、入社後に抱く印象ができるだけ一致するようにしておくことです。ところでハローワークの求人票では、なぜか「♪」をよく目にします。「なぜ音符なのか」といつも不思議に思いながら見つめています。

選考プロセスの落とし穴

　次に、具体的な選考プロセスについて確認していきます。中小企業では、たいてい書類選考と面接というふたつのプロセスを経て採否が決定されます。**こういった判定プロセスでは、客観性が決定的に欠けています。**書類選考にしても面接にしても、担当者の感覚だけに依存しています。そのため、本人の適性ではなく、担当者との相性だけで採否が決まっています。これでは担当者と相性が良い人ばかり採用されることになり、組織の多様性が確保できません。組織は、さまざまなタイプの人で構成することで活性化されるものです。

　企業は、「採用をがんばる」と述べつつも、従前の採用スタイルを漫然と踏襲してしまいがちです。選考においても「いったい何を聞きたいの」と首をかしげたくなることが多々あります。例えば書類選考における志望動機です。志望動機を確認することが無駄とは言いません。ですが、「この仕事でなければ」というモチベーションを当初から持っている方は普通いません。たいていは他の募集内容と比較して、「よし、この会社に応募してみよう。いちおう他の選択肢も考慮して」というくらいのものです。そこから志望動機をとりあえず書いてみることになります。ですから、志望動機にこだわることにあまり意味があるとは考えられません。

　より問題となるのが、面接に対する過信です。人は、実際に会ってしまうと多少の問題があっても「いい人」という印象を受けてしまいます。「30分話せば本性がわかる」「少々問題があるかもしれないが鍛えたら大丈夫だろう」という経営者の淡い期待は、た

いてい裏切られるものです。そもそも30分くらいで人間の本質が
わかるはずがありません。「**自分は人を見る目がある**」と豪語す
る人ほど自分が見えていないものです。気がつけば担当者の印象
だけで採用ということになってしまいます。

適性検査を駆使する

　こういった感覚依存的な選考プロセスを打破するためには、担
当者のレベルを上げることが必要です。ですが、資源の限られた
中小企業に担当者のレベルを上げるための時間とコストをかける
だけの余力があるとは限りません。

　**そこで選考過程を補充するものとして、先生方から適性検査の
実施を提案しましょう。個人的には、適性検査と労働事件には相
関性があると考えています。**いかなる検査を採用するかは、各先
生の判断に委ねます。自分にとって説明のしやすいものを選択す
るといいでしょう。その際、**検査は単一のものではなく、性質の
異なったものを2種類以上併用するべきです。**1種類だけだと、
判断過程で大きなバイアスが働いてしまう可能性があるからで
す。例えば「事前対策ができる検査」と「事前対策ができない検
査」というように、性質の異なるものを併用することで適性を多
面的に把握でき、検査の精度を高めることができます。適性検査
に伴うコストなど、労働事件になるリスクに比較すればわずかな
投資でしかありません。

　なお、先生方に期待されるのは、こういった検査を実施するこ
とではありません。実施だけであれば誰にでもできます。**期待さ
れるのは、検査結果を組織に合わせて解説する能力です。つまり、**

自分の見解を経営者にわかりやすく伝えることです。たんに検査結果を報告するだけでは不十分であることを肝に銘じてください。

　私は、適性検査の結果を選考と育成の双方で活用することを提唱しています。選考では「その人の特性」を確認します。育成では「他の社員の特性との整合性」を確認します。「この人の部下にするとパワハラになるかも」といったことをアドバイスするわけです。性格的に合わない人を無理に組み合わせようとするとトラブルになります。**大事なのは「性格的に合わない」ということを可視化して把握することです。**パワハラ防止を本人の意識に期待するのではなく、仕組みとして展開することになります。

 採用後のフォローで組織になじませる

　最後に先生方にお伝えするのは、採用後のフォローです。採用は、「入社したら終わり」というものでもありません。**採用してから職場になじむまでの期間をしっかりフォローできるかによって、定着率が圧倒的に違ってきます。**期間の目安は約半年です。この「なじませる期間」についても、先生方がもっと関与するべきです。組織になじませるということについては、参考文献も複数出ていますので一読を勧めます。個人的には、小さな成功体験をしてもらうことを重視しています。小さな仕事でも、最初はうまくいかず失敗します。このとき、周囲がサポートしてでも完成までこぎつけることができれば、本人の達成感につながります。「自分は会社の役に立っている」という感覚を持ってもらうことが離職防止になります。**こういった大人の学習では、「経験（失**

敗を含む）⇒座学⇒経験」というように、経験を先行させる指導スタイルが効果的です。経験もないまま漫然と知識を得ても、なかなか定着しません。素地となる経験があれば、「だからあのとき失敗したのか」というように、知識を経験と関連づけることができるため、定着しやすくなります。自分の経験したことに関するセミナーであれば、「なるほど」と理解しやすいのと同じです。

　中途採用者に関していえば、この期間に前職で得た知識やスキルへのこだわりをいったん捨ててもらうことも徹底してください。最近では、古くなった知識やスキルをいったん破棄して新たなものを手に入れることをアンラーニング（学習棄却）と呼び、推奨されています。**人は、基本的に自分がすでに持っている知識やスキルに固執してしまう傾向があります**。いったん手に入れたものを手放すのは、相当のストレスになるからです。

　既存のスタイルへの固執は、ときに周囲との軋轢を生み出す原因にもなります。例えばクリニックの医療事務者が「前職ではこういうやり方だった」と自分のスタイルにこだわってしまうケースが典型的です。それが周囲にとって負担となり、いわゆる「協調性のない社員」という評価にもつながっていきます。こういう事態に陥らないためにも、「ここでは前職のスタイルを踏襲しない」ということをはっきりとさせておくべきです。

　アンラーニングは、これからの採用において必須だと考えています。もっとも、社員の自発性に期待してもたいていうまくいきません。本人にしてみれば、それがベストな方法という意識があるからです。ぜひ先生方が手綱を握って、アンラーニングを提案してください。

Ⅱ パワハラ、声なき声に耳を傾ける

 相談しやすい風土作りに知恵を絞る

　ここからは、パワハラについて話を進めていきます。採用の章でパワハラというのは違和感があるかもしれません。**なぜ採用に紐づけたかといえば、パワハラの被害者は若手社員が圧倒的に多いからです。**先生方も「入社して数か月で退職していった」というケースを目にしたことがあるでしょう。短期間の退職の原因は、上司からの威圧的言動に耐えられなかったというものが多い印象です。退職時に「本当の退職理由」を語る人はあまりいません。すべて本音で語ることは「いいこと」かもしれませんが、万人の万人に対する闘争さながらの苛烈な世界になってしまうでしょう。**ホンネとタテマエがあるからこそ、社会の調和がとれていることも真実です。**ですから、耐えられなくなった社員は「スキルアップ」とか「やりがい」といった言葉で本音を隠しつつ、誰も傷つけないようにして去っていきます。パワハラとして顕在化するものは氷山の一角というわけです。

　パワハラの撲滅は社会的課題とされており、相談窓口といった

制度も定められています。先生方のなかにも、報酬をもらってパワハラ相談窓口を担当している方もいるでしょう。もっとも「うまく機能している」と自信を持って回答できる方は、おそらく少数です。

　例えば、半年以上まったく相談がない会社があるとしましょう。先生方は、この会社をいかに評価しますか。私は、「危険だな」と感じます。**「相談がない」というのは、決してパワハラのない安定した組織というわけではありません。むしろ「相談すらできない組織」という危険な兆候です。**人間関係の悩みがない組織は、まずありません。そもそも人事のプロである先生方でさえ、自らの事務所の人間関係で悩むことがあるはずです。「相談したい」と思いつつ、それができないために感情がくすぶり、あるとき爆発することになります。相談窓口に定期的に相談が持ち込まれるような組織は「いつでも相談できる」という風土があって、パワハラ問題も起きにくいわけです。**ですから先生方においては、窓口を設置したことで満足せずに、「どうしたら相談しやすい風土に変えていけるのか」についても知恵を絞るべきです。**それが安心できる組織作りへとつながっていきます。

　ちなみにある先生は、「寄せられるのが社員からの愚痴ばかりで」と困惑されていました。私は思わず「それ、最高です」とお伝えしました。先生方がお菓子を片手に社員と愚痴のひとつでも気軽に話せるような関係であったなら、最強の士業です。もはや会社にとって士業を超えた存在になっているからです。会社にとって、まさに余人をもって代えがたい存在というわけです。私はこれからの時代、こういった素朴な人間的つながりこそが、より高い士業の価値を生むと考えています。

パワハラ気質の部長は経営者とともに指導

　中小企業におけるパワハラについて、もう少し細かく見ていきましょう。パワハラは、被害者が不特定多数のケースと特定のケースに大別されます。

　前者の事例としては、総務部長を外部から招聘したら周囲のスタッフにあまりにも厳しく当たりすぎるといったものです。後者の事例としては、先輩が特定の新入社員に対して強く当たりすぎるというものです。いずれも加害者本人には自分の行為が違法であるという認識はありません。たいてい「仕事とはこういうものだろ」と安易にとらえています。

　被害者が不特定多数の場合には、周囲が「あの部長は困る」と不満を述べつつも、誰かが明確に「パワハラだ」と声高に言うことがありません。誰しも自分が密告者のようになりたくないからです。結果として「付き合いきれない」と優秀な方から離職していきます。こういったケースの難しさは、明確なパワハラ被害の申出が社員からなされないため、問題として顕在化しにくいところです。しかも、経営者は加害者の能力に期待しているため、社員から不満などが出たとしても「まぁまぁ」などと言って明確な処分を回避してしまいがちです。そのため、先生方においても問題として扱いにくいところがあります。

　このようなケースでは、経営者同席のうえで問題点を業務指導として告知します。経営者には可能な限り同席してもらってください。こういった加害者は、自分の行為が会社のためになっていると誤解しています。それが誤解であることを自覚してもらうためにも、経営者に同席してもらったうえで指導をするべきです。

逆に経営者が同席しないと、「経営者であれば理解してくれるはずだ」として指導を真摯に受け止めない場合もあります。必要に応じて人事権を行使することも指摘します。もっとも、一時的にはしぶしぶ態度を改めても、結局はもとに戻りがちです。人の性格は、そう簡単には変わらないからです。問題が深刻化したときには、やむを得ず退職勧奨に及ぶことも珍しくありません。

 ## 第三者がクレーマー化したケース

　先生方が現実的に相談を受けることが多いのは、後者の被害者が特定されているケースでしょう。ここでは新入社員が先輩からの指導に耐えられなかったケースを前提に説明をしていきます。

　新入社員のパワハラ事案では、いきなり出社を拒否して親が窓口になるというケースが随分と増えてきました。会社が心配して連絡をしたら、親から「おたくの○○からパワハラを受けた。どうしてくれるのか」とまくしたてられます。担当者が「自分の問題なのに、なぜ親が出てくるのか」と不満をこぼすのも耳にしますが、時代は変わったということです。保護者向けの就職アドバイスのようなものすらあるそうです。こういった両親の対応に苦慮することは、実は少なくありません。

　ある介護事業所では、勤務中にゲームに興じていることを指導したら、両親がクレーマーのようになってしまいました。執拗に上司の携帯に電話をするうえに、一方的に面談を要求してきます。いくら会社が問題行為を指摘しても「そんなはずがない。パワハラを隠ぺいするなら労基署に行くぞ」と言う始末。関与していた社労士の先生もさすがに「どうしたらいいのか」と頭を抱え、私

が相談を受けました。「本人ではない。でも家族だからむげにもできない」と悩むわけです。こういうとき、本人は「どこ吹く風」とスマホのゲームに興じているかもしれません。

　労働契約は、あくまで社員と会社で締結されるものです。そのため社員が成人であれば、家族は労働契約に関して「第三者」でしかありません。あまりにも家族の介入が強い場合には、交渉の場から離すべきです。もっとも、口頭で「これは会社と本人の問題ですから」といくら言っても火に油を注ぐようなものです。そのため、必要に応じて会社からあっせん手続や調停を申し立てることになります。**手続きに乗せることで、外野を排して本人と協議する場を設定することができます。**こういった申立ては、家族の事前同意なく一方的に始めます。「調停で話し合いたいのですが、いいですか」と尋ねたら、「なぜ会社が申立てをする。被害者はこちらだ」とさらなる反発を受けることになるからです。調停などをするのは会社の自由です。「申立てをしました。今後は手続きのなかでお伝えください」とするのがスマートでしょう。もちろんこれはあくまで「例外的な」手法です。本人と冷静に協議ができるのであれば、特に手続きに乗せる必要はありません。

 ## パワハラか否かの判断主軸

　次に、パワハラの相談を受けた際の対応について確認しておきます。パワハラの場合には、「ある発言の有無」といった事実関係の調査で悩むことは、あまりありません。むしろ悩むのは、「これはパワハラなのか、指導なのか」という判断です。パワハラについては、「同じ職場で働く者に対して、職務上の地位や人間関

係などの職場内での優位性を背景に、業務の適正な範囲を超えて、精神的・身体的苦痛を与える又は職場環境を悪化させる行為」というように定義づけられています。定義としてはわかるのですが、**何をもって「業務の適正な範囲を超えて」といえるのか、一義的に判断できるものではありません。**

　ですから弁護士は社労士の先生方から、「これってパワハラですかね」という相談を受けることになります。弁護士であっても「これは絶対にパワハラです。間違いないです」と断言できるものではありません。最終的な判断は裁判所がするべきものであり、士業に判断権限があるわけではないです。そのため悩んでも仕方ないところがあり、どこかで決め打ちして話を進める他ありません。**私は、対象となる言動が特定の行為に関するものであるかどうかを判断の主軸にしています。**「お前は何をやってもだめ」「死んだほうがいい」というのは、特定の行為に関するものではないためパワハラになるでしょう。

　検討の結果として「これはパワハラに該当しない」という判断をするときも当然あります。このときは会社の判断がぶれないように、あえて書面で被害者とされる社員に告知することもあります。社員は、この書面を持って弁護士に相談します。弁護士は、会社がいかなる理由をもってパワハラ非該当の判断をしたのか、書面を見ればおよそ判断がつきます。会社の見解も含めて受任するかどうかを決めていきます。**被害者とされる方は、事実の一部を切り取って弁護士に相談することがあります。そのリスクを低減させるために、あえて書面で伝えるべきです。**

慰謝料請求に発展した場合

　弁護士が代理人としてパワハラの事案を請求するときには、た
いていパワハラの慰謝料請求だけでは終わりません。一般的にパ
ワハラの慰謝料は、行為の内容、期間、被害の程度などを考慮し
て算定されますが、50万円から100万円で着地するのが圧倒的多
数です。数百万円になるようなケースを判例などで目にしますが、
個人的に経験したことはないです。おそらく先生方も同様でしょ
う。ちなみに数百万円の賠償になるケースは、パワハラを原因に
うつ病などに罹患して就労困難になった場合の将来の収入補填を
含んでいることが予想されます。

　こうした事情から、慰謝料だけでは弁護士に依頼した場合に費
用倒れになるリスクがあります。そこで弁護士としても、パワハ
ラに加えてセクハラや未払残業代などを抱き合わせで請求するこ
とが多いです。あるいは不当解雇の事案でパワハラが加えて請求
されることもあります。

　請求がなされると、交渉などを経てどこかで解決ということに
なります。問題は、いかにして事案をクローズさせるかです。被
害者からは、慰謝料の他に加害者による謝罪や加害者の離職を求
められることがあります。しかし、**会社として加害者に謝罪を強
要することはできません。**これについては被害者から要求されて
も断るしかないです。その代わりとして、示談書に「会社として
陳謝する」という表現を入れて矛を収めてもらうこともあります。

　より難しいのは加害者に対する処分です。被害者からは示談の
前提として、加害者の解雇や配置転換を求められることがありま
す。**ですが、加害者への処分はあくまで会社の人事権の問題であ**

るため、当然に被害者の意向に会社が拘束されるわけではありません。解雇は、法的には相当ハードルが高いです。安易に解雇すれば、これが不当解雇で争われます。配置転換にしても、中小企業では簡単にできるものではないのが実情です。ですから「加害者への処分は改めて社内で協議する」と被害者に伝えて理解してもらうしかないでしょう。「加害者への処分に納得しなければ示談しない」というのであれば、交渉による示談を諦めて裁判をしてもらうことになります。なお、裁判において被害者は、会社から加害者への処分について請求することはできません。「対象社員を解雇しろ」という裁判はできないというわけです。被害者には会社の人事権に関与する権限がないからです。あくまでパワハラに起因する損害賠償ということになります。

 ## パワハラで揉めないために

　では、こういったパワハラ案件を防止するための注意事項について、いくつかお伝えしておきます。まず何より重要なことは、パワハラといえる行為があった時点で直ちに指導書【**参考書式1**】を出しておくことです。**指導書においては、問題となる行為をできるだけ特定して記載するようにしてください。そのうえで、改善できない場合には将来において懲罰の対象になり得ることも触れておくことが、抑止の観点でも効果的です。**

　こういった指導書には、ひとつ大きな問題があります。それは「作成するのが面倒」ということです。頭では必要性がわかっていても、日々の業務に忙殺されると書面を作成する時間が用意できず、口頭で伝えるだけになります。これでは事後的に指導内容

【参考書式1】業務指導書（例）

業務指導書

令和○年○月○日

△△△△　殿

株式会社○○
代表取締役　○○○○

　貴殿の下記の行為は、就業規則○条○項に反するものと判断しております。ついては当該行為を繰り返すことがないように本書面にて通知します。当該行為に至った経緯および改善方法について２週間以内に会社宛に書面にて提出してください。
　なお同様の行為が将来においても認められる場合には、然るべき処分の対象になる可能性がありますのでくれぐれもご注意ください。

記

　令和○年○月○日に○○氏に提供するべき営業に関する情報を提供しなかったこと

以上

を確認することができません。**指導書は、最終的には退職勧奨を提示するときの資料になります。だからこそ、面倒でも形にしておくことが必要です。**極端なことをいえば、メールでも構いません。事後的に確認できればいいわけです。ただし、指導書の出し方には注意が必要です。とある経営者は、私のアドバイスに「そうか」とうなずき、問題社員に対してだけ指導書を出すようになりました。これはあまりにも露骨で問題になります。特定の社員を意識せずに、問題行為があれば必要に応じて淡々と指導書を出すということを心がけてください。

　書面による指導は、上司が部下から「パワハラだ」という批判を受けた際、自分の身を守るための証拠としても有効です。このところのパワハラ問題には、上司が委縮してしまって本来必要な指導すらできないというものも含まれます。ホワイト企業すぎて若手が離職するということもあるようです。パワハラは、たいてい口頭でのやりとりが次第にヒートアップして言いすぎることから生じます。**ですから、口頭ではなく書面による指導に切り替えるだけでもリスクを相当低減させます。**これまで書面による指導がパワハラと判断された経験は、個人的にありません。書面にすれば、「記録に残るから」と記載内容についても慎重にならざるを得ません。いわば自分で自分を律するということです。厳しいことを伝えるときにこそ書面です。

 ## パワハラを「自分ごと」にする研修

　最後に、パワハラ防止という観点から、先生方の研修についてもひとことアドバイスをしておきます。先生方は、おそらく企業

などでパワハラ研修の講師を担当したことがあるでしょう。この
とき、研修の内容が「パワハラとはこういうもので、こうすれば
いいのです」という解説で終わっていないでしょうか。皮肉なこ
とにパワハラの加害者は、たいていパワハラ研修を受けています。
受けているのに加害行為に及んでしまうのは、研修の効果が定着
していないということです。解説だけの研修では、「いい話を聞
いた。だが自分には関係ない」ということになります。**圧倒的に
足りないのは、パワハラを「自分ごと」としてとらえる経験です。
聴講生ではなく体験者になることが必須です。そのために、私は
ロールプレイングの導入を推奨しています**。上司に部下の役割を、
部下に上司の役割を担ってもらいます。上司役の人に台本を渡し
て、あえてパワハラ的な発言をしてもらいます。部下役の人は思
わぬ言葉を浴びせられ、寸劇とわかっていても嫌な気持ちになり
ます。この体験がパワハラを防止していくことになります。体験
に勝る学習なしということです。先生方のセミナーでもアイスブ
レイク的に活用してみてください。また、事例をベースにして参
加者でディスカッションしてもらうのも学びが多いです。

　こういった研修は、定期的に毎年実施するべきです。人の行動
がたった一度の研修で大きく変わるということは通常あり得ませ
ん。「研修後にいきなり人格が見違えた」というのは、それはそれ
でホラーです。つまるところ「いい組織」にしようと思えば手
間をかけるしかないわけです。

Ⅲ 定年後の再雇用、その期待と限界

 定年後の再雇用の難しさ

　少子高齢化のなかで、高齢者の雇用維持がひとつの課題となっています。65歳までの雇用確保の義務についても、いずれ引き上げられるでしょう。そもそも企業の現場では、「定年だからといって退職されたら人手不足で困る」という現実的なニーズもあります。再雇用は、「退職」と「採用」というふたつのプロセスから成立しています。そこで採用の章の最後に、高齢者の再雇用について整理しておきます。

　まず経営者の本音から見ていきましょう。経営者は、高齢者の再雇用について複雑な心情を抱いています。これまでの会社への貢献および戦力確保ということからすれば、「できるだけ勤務して、後進の育成に尽力してもらいたい」と願っています。ただし企業には、現役時代と同じだけの賃金を支払うだけの余力がありません。余力があれば、将来のある若手に支払いたいところです。これまで企業は、「定年後だから」という暗黙の了解のもと、賃金を下げてきました。ですが、同一労働同一賃金の規制が明確に

され、暗黙の領域にも光が及んでいます。**経営者は、高齢者の再雇用について、戦力確保と人件費負担の狭間で悩むようになりました。**

　経営者が高齢者に関して最初に悩むのが退職金の壁です。歴史ある企業の後継者が、将来の退職金負担の大きさに愕然とした話をよく耳にします。この問題を認識しているのであれば、まだいいほうです。まったく認識しておらず、現実の数字を提示されて初めて問題の重大性に気がつくことも珍しくありません。こうしたケースでは、先生方から現時点での退職金の試算額を提示すれば、重大な経営課題としてとらえてくれるでしょう。経営課題をわかりやすいかたちで浮き彫りにするのも士業の役目です。

 ## 退職金規程にメスを入れる

　退職金を過大に感じるのは、従来の退職金規程が安定した経済成長および60歳定年制を前提に組み立てられたものだからです。現実には経済成長は頭打ちになっています。定年についても引き上げられていく一方でしょう。つまり従来の退職金規程の背景事情が大幅に変わってしまっているわけです。背景事情が変化しているのですから、退職金についても見直されるべきです。先生方は、各社の退職金規程を実情に合わせて修正していくことをぜひ提案してみてください。経営者にとって救いになります。最近では、定年を廃止する代わりに退職金も廃止する企業も出てきました。

　もっとも退職金の見直しは、相当ハードルが高いのも事実です。ここは個人によって力量の差が如実に出ます。逆に言えば、**退職**

金の見直しについてうまく対処できるようになれば、大きな強み
になります。

　退職金の見直しが難しい理由は、おもにふたつあります。社員
の同意の確保と、企業の経済的負担です。退職金の見直しは、社
員にとってたいてい不利益変更になります。そのため、原則的に
は各社員から同意をもらうべきです。就業規則の不利益変更で対
処することも理論的には可能ですが、お勧めしません。退職金は、
社員にとって老後の生活費です。減額についてセンシティブにな
らざるを得ません。就業規則の不利益変更で対処すると、「無理
に変更させられた」と事後的に争われるリスクが相当高いです。
個人的には、時間を要しても各社員から同意書を取り付ける方法
にこだわるべきと考えています。

　もちろん個別に同意を得るにしても、「退職金を減額します」
という説明だけでは社員としても納得できるはずがありません。
退職金を廃止することによる代替的補償の提案方法がポイントに
なります。例えば、「定年を延長する代わりに退職金を廃止します。
延長後の定年まで勤務すれば、現在の規程で退職金をもらうより
も有利です。仕事を通じて社会と接点を持つことにも意味がある
のではないでしょうか」という提案などです。**これまでの経験か
らして、「仕事を通じて社会的接点を持つ」というのは、効果的
な説明方法のひとつです。**たいていの人にとって、仕事は生活の
糧のみならず、社会との接点ということになります。人は社会的
動物であるため、社会的接点をすべて失って暮らすことにストレ
スを感じます。「引退したら趣味三昧」と口にしていた方も、半
年もすれば時間の過ごし方がわからずに悩むようになります。忙
しいからこそ休息の価値も実感できるのです。

　社員の同意を得たうえで、会社は既存の退職金規程に基づいて、

いったん全額を労働者に支払う必要があります。いくら将来の負担が軽減されるといえども、企業にとってキャッシュの流出を伴うため相当な負担となります。この資金の工面に苦労して退職金の見直しがうまくいかないこともあります。退職金の見直しにおいては、財務に与える影響も大きいため、税理士の意見も聞きながら進めてください。

定年制の廃止はハイリスク

　ところで、退職金の見直しとともに定年制の廃止を検討する企業が増えてきました。企業は、人材確保が難しい時代であるがゆえに長期的に勤務できる人を求めています。応募する人にとっても「いつまでも働ける」というのは、安定した収入を確保できるため魅力的に映るでしょう。

　しかしながら、**会社は、定年制を廃止することで価値観を共有できない方も雇用し続けなければならないというリスクを引き受けることになります。** 定年制がなければ、本人が退職の意思を表明するまで雇用し続けなければならないという結末に陥りかねません。過去に不当解雇で争われたときに、解決金の交渉で苦労したことがあります。社員からは、「定年がないからいつまでも勤務できるはずだ。退職を求めるなら平均余命までの賃金相当額を負担するべき」と反論されたのです。主張としては根拠がないとはいえないため、反論に苦労しました。**中小企業ではやはり定年を設定するべきです。** そのうえで、必要な人材は個別に検討していくのが現実的です。

「ある定年社員の再雇用を控えたい」と言われたら

　次に、経営者から寄せられる「ある定年社員の再雇用を控えたい」という相談への対処法について考えてみます。経営者として思うところがあっても「定年までもう少しだから」ということで雇用を維持しているケースは少なくありません。そのため、定年の60歳が近づいてから「原則として65歳まで雇用を維持しないといけない」と説明されて、愕然とする方もいます。ご存じのように、企業は原則として65歳までの雇用を確保しなければなりません。方法としては、①定年の引き上げ、②継続雇用制度の導入、③定年の廃止などがあります。中小企業では、1年ごとの再雇用という継続雇用制度の導入が多いでしょう。継続雇用制度を採用したとしても、「この社員は性格的に合わないから60歳で」という抽象的な理由で再雇用を拒否することはできません。解雇事由のような問題行為がなければ、本人の希望に反して再雇用を拒否することはできません。仮に拒否すれば労働審判を申し立てられるでしょう。労働審判では、相当額を支払ったうえで退職という着地点を目指すことになります。

　教科書などでは、再雇用拒否には相当の理由が求められるために慎重な対応が必要と書かれています。それは正しいのですが、何をもって「慎重な対応」となるのかは判然としません。実際のところ「これさえすれば訴えられることはない」というノウハウはありません。**経営においては、「何事も、揉めるときは揉める」という割り切りも、ときに必要です。**

　労働事件についても「トラブルにならないように、なんとかしてもらいたい」と相談を受けることがあります。ここでいうトラ

ブルというのは、おそらく相手に請求を諦めてもらうということです。ですが、相手の請求を強制的に諦めさせる方法などあるはずがないです。そもそも日本では裁判を受ける権利があるわけですから、相手の言い分がどんなに不当であっても裁判をすることを止めることはできません。問題なく対応していても、相手が納得できなければ訴えられます。**ですから、訴えられることを回避しようといかに努力しても限界があります。むしろ訴えられても反論できる余地を確保しておくことが、現実的な戦略となります。**

それでも先生方は、「定年をもって退職してもらいたい」という経営者ニーズに耳を傾けざるを得ません。再雇用を拒否するためには、拒否するだけの客観的根拠というものが求められます。典型的には業務指導書（60ページ参照）といったものです。日頃の問題行為を、きちんと記録として保管しておくということです。そのうえで「こういった行動の改善が認められないので、再雇用は難しい」と説明していくしかありません。

私はたいてい、定年がやってくる6か月前には再雇用に応じない旨の提示を本人にしています。さすがに直前になって「再雇用はしません」というのは、道義的にも問題でしょう。ですから、早めに伝えるようにしています。伝えるなかでは、会社への貢献に触れつつ、雇用継続が困難である理由も告げるようにします。**問題点を提示するだけでは、社員としても退職することへのインセンティブが機能しません。ですから、退職金の加算といった他の社員に比較した優遇処置をとることもあります。**相場については「これだ」というものはありませんが、賃金の6か月分を加算して妥結したケースが個人的経験では多いです。経営者には、「目の前の負担額だけで考えても意味がありません。65歳まで雇用した場合の負担と比較して判断してください」と伝えるようにして

います。そうすれば経営者も、ある程度のボリュームの金額を負担することを承諾してくれます。

 ## 再雇用する場合の注意点

（1）終点は明確に

　再雇用する場合の注意点について、いくつか触れていきましょう。まず再雇用をする場合には、「再雇用の終わり」について適切に制度設計をしてください。何事にも終着点を設定しておくべきです。定年がないという会社は一見すれば魅力的ですが、定年を理由に退職してもらうことができないという相当のリスクも引き受けることになります。「高齢者の方は人生を達観していて、問題行為なんて一切ない」という淡い願望だけで実務が展開するわけではありません。年齢に関係なく問題行為をする方はやはり出てきます。**ですから雇用を継続するケースにおいても、「終点」はきちんと設定しておくべきです。**例えば「延長しても70歳まで」といった、いわゆる第二定年制を就業規則に明記するなどです。これに関して目にしたトラブルを、ひとつご紹介しましょう。

【事例】「ちょっと面倒なことになりまして。知恵を貸してください」——とある知り合いの社労士から連絡がありました。話を聞くと、雇用継続した社員の処遇についてでした。この会社は、従業員30人程度の町工場を経営しており、60歳定年ではあるものの、人手不足から定年後も１年ごとの契約を更新していました。そのなかにパワハラ的な言

動の目立つ問題社員がいました。社長としては、60歳定年時に退職してもらいたかったものの、人手不足からずるずると１年更新を継続していました。気がつけば本人も65歳を超えていました。社長は、対象社員のパワハラ的言動が続くことや人員確保の目処が立ったことから「今回で契約を最後にしたい」と告知しました。すると本人は、内容証明郵便で無期転換申込権を行使してきました。「どうしたものか」と呆然としながらも、知り合いのつてで社労士の方へとつながりました。

　この会社の問題点はふたつありました。まず、就業規則が古いままで継続雇用者を対象にした、いわゆる第二定年制の定めがありませんでした。また会社は、定年後引き続き雇用される有期雇用労働者に対する特例の適用に関する認定申請もしていませんでした。つまり問題社員は、定年すらない無期雇用ということになってしまったわけです。本人が「辞める」と言うまで、会社として雇用を続けざるを得ないという状況に陥っていました。もちろん解雇の可能性もありますが、解雇が著しく難しいことは先生方であれば当然おわかりでしょう。

　この事例に触れたとき、私と社労士の先生は、天を仰ぎ、言葉を選び、祈るような気持ちでした。「目の前の経営者にダイレクトには言えない、八方塞がりとは」という妙な連帯感が無言のなかで生まれました。それでも取り繕いながら解決策を見いだすのが我々の宿命でしょう。この事案では、会社から退職勧奨を提示しました。「70歳以上の人も雇用しているのに、なぜ退職を勧めるのか」とかなり反発を受けました。粘り強く交渉を続けて、最終的には約100万円の退職金を負担することでなんとか合意する

ことができました。本来であれば雇用継続者に退職金はないのですが、やむを得ないものとして負担しました。今でも「仮に解雇して徹底的に争われたらどうなっていたのか」と考えることがあります。

（2）就業規則を改めて確認する

　先生方も、顧問先の就業規則などを今一度確認するべきです。ときに落とし穴にはまることがあります。典型的なものとして、社労士の変更時における引継ぎがあります。経営者が従来の社労士に不満があり、新規に先生と契約をしたとしましょう。先生は、従来の社労士が作成した就業規則などにひと通り目を通して、問題点の有無を確認するはずです。本来であれば、修正の必要性を認識した時点で、経営者に説明をして自分のスタイルに合ったものに変更するべきです。ですが、経営者に変更を提案しても、すぐに「では費用を負担しますので変更してください」と回答があるとは限りません。**問題が顕在化していないため、就業規則の変更といった重要ではあるものの緊急性がないものに経営者の意識が向きにくいのです。**先生方としても「顧問になったばかりでさらに費用を請求するのも気が引ける」ということで、強く提案もしません。こういうはっきりしない状況下で、第二定年制を設定していないなど就業規則のミスが露呈すると、経営者から「依頼していたのに。なぜ教えてくれなかったのか」と言われなき批判を受けることがあります。**こういった批判を回避するためにも、就業規則の問題点などの報告は、メールなどの伝えたことが記録として残る方法でなすべきです。**

再雇用時の賃金設定のキモ

　最後に再雇用における賃金の設定について触れておきます。同一労働同一賃金の規制があるため、年齢だけを理由とした減額について認められることはありません。ですが、経営者にしてみれば「従前と同じ賃金」を支払い続けることも難しいのが本音でしょう。余力があれば、育児などを担っている現役世代の賃上げこそ実施したいところです。ですから、再雇用に対しては、どうしても賃金の減額に触れざるを得ない現実があります。

　「どこまでの賃金の減額なら同一労働同一賃金の理念に反せず許容されるか」について、明確な基準はありません。これからの判例の集積によって、「相場」というものが事実上決まってくるのではないかと推察しています。ただし、現役時代とまったく同じ業務を担いながら、「責任が軽減されているから」という抽象的な理由だけで減額というのは、やはり問題視されます。また業務内容の変更で調整するにしても、中小企業ではひとりの社員が担う業務領域が広いため難しいものがあります。会社としては、ベテラン社員にこそ慣れた業務を継続して担当してほしいところです。そこで、個人的には労働時間の短縮ということで現役世代との違いを設定することもあります。

　具体的な賃金については、最終的には対象社員が納得してくれるかに尽きます。このときに単純に「賃金だけ」の比較で協議をすると、納得を得ることが難しいです。社員からすれば、一方的に収入が減るという不安を払拭することができません。**そのため、本人の同意のもとで年金を試算して、賃金と年金を合算した収入を提示しながら協議をするのもひとつの方法です。**賃金と年金は、

もちろん性質の違うものですが、生活の糧という意味では同じです。全体の収入を目にしてさほど生活に影響がないと理解してもらえれば、賃金の減額についても「若い人への配慮も必要だから」として承諾してもらいやすいです。交渉は、「ここだけ」を見てもなかなかうまくいきません。できるだけ広い視点でデザインしていくことが求められます。

第2章

育 成
人を育てる、組織を固める

✒ 人材育成、ふたつのベクトル

　採用が落ち着くと、本格的な育成が始まります。労働人口の減少もあって、人材育成が企業の課題として語られることが随分と増えてきました。ただ、語られる内容は、「何を教えるか」という知識の提供にフォーカスしたものが中心となっています。効率的に育成するには、育成する環境を整備する必要があります。職場が不安定な状況でいくら知識を提供しても、安心して学ぶことなどできないでしょう。

　育成という概念は、能力拡張とリスク低減というふたつのベクトルから成立しています。先生方が人材育成として提供するサービスは、いずれかのベクトルに含まれます。能力拡張に関しては、人事評価やチームビルディングといったものが含まれます。リスク対応としては、労働事件の予防といったものがあります。関与先の経営を安定させるためには、いずれかのベクトルに特化するのではなく、両者をバランスよく提案するべきです。**具体的なアプローチとしては、リスクへの対応を確立したうえで、能力拡張**

へと向けて駒を進めることになります。というのも、リスクが顕在化すれば事業構造に致命傷を与えることもあるからです。これではせっかくの能力拡張も無駄に終わってしまいます。それでは、リスクとしてわかりやすい労災事故から話を進めていきましょう。

 ## 労災事故発生時のポイント

　いかに注意していても生じ得るものが労災事故です。労災事故の問題というと「労災隠し」とイメージされがちです。ですが個人的な経験として、企業が積極的に隠蔽したという事案に関与したことはないです。先生方も、労災保険の未加入や複数の企業が関与する事業での労災保険の適用で悩んだことはあるかもしれませんが、「労災事故をなかったことにしてくれ」と懇願されて悩んだケースはあまりないでしょう。大半の経営者は、労災事故が発生すれば「社員のために」といろいろ苦慮するものです。では、労災事故が発生したときのポイントを確認していきましょう。

　腰痛や骨折といった労災事故は、先生方も普段の業務で関わることが多いはずです。対処に悩むこともあまりないでしょう。そこで本書では、あまり直面する機会のない死亡をはじめとする重大な労災事故をベースに、注意点をいくつかお伝えします。

　重大事故は、いつ発生するかわからないものです。ですが発生すると、対処するべきことが同時多発的に生じ、混乱します。だからこそ事前に概要を把握しておくことに意味があります。特に最近では、被害者あるいは遺族が会社に対して、労災補償のみならず損害賠償責任を請求してくるケースも増えてきました。場合

によっては１億円近くの請求を受けることもあります。使用者賠償責任保険など民間保険でカバーすることができればいいのですが、未加入の事業者も少なくありません。そうなると小さな企業では、事業の存続にすら影響するときがあります。実際に、社員８名の会社で6,000万円近くの請求を受けて対処に悩んだことがあります。**会社の規模と負担額はリンクするものではありません。**

　重大な労災事故の場合には、①行政上の責任、②刑事上の責任、③民事上の責任という３つの責任が問題となります。時系列的な動きとしては、労基署対応（行政）、警察対応（刑事）、および被害者対応（民事）というケースが多いでしょう。死亡をはじめとした重大な事故の場合には、結論的には早めに経営者に弁護士を紹介するべきです。労基署対応の時点から弁護士の意見を聞きつつ動くことが、全体として統制のとれた対応になります。この視点からもう少し細かく対応方法を見ていきましょう。

行政上の責任への対処

　まず労基署への報告などは、基本的に社労士の先生方に対応してもらっています。事故の態様、原因などを記載する際には、その時点で明らかになっている範囲で記載することです。事故直後であるため事実関係が判然としないところもあります。そのときに「思い込み」で事故を報告することがないように注意してください。先生方が労基署に提出した資料は、事後的な民事訴訟のなかで証拠として利用されることがあります。ですから、推測で記載された部分があると事後的なフォローに苦労することになりかねません。労基署へ提出する書面については、事前に弁護士に確

認してもらうのもひとつです。自分で記載したものを、自分の目線だけで完璧に確認するのは至難の業です。

　私はこういった資料に目を通すとき、将来の民事賠償を想定した過失の内容についても検討しています。このとき、安衛法違反の有無についても可能な範囲で調べるようにしています。**社労士の先生から「安衛法のこれに反しています」と教えてもらえるとすごく助かります。**自分でいうのも情けないのですが、安衛法は技術的な側面が多くあり難しいのです。必要に応じて労働安全・労働衛生コンサルタントの方に意見を求めることもあります。

 ## 刑事上の責任への対処

　労基署対応と同時進行的に検討するのが、警察をはじめとした捜査機関への対応です。刑事責任は、会社としても不安が募るところです。「誰が責任を負担するのか。どのくらいの刑になるのか」などと質問を受けても回答に困るでしょう。事案の性質によっても異なりますが、加害者および加害者の直属の上司など、基本的には個人が対象となります。安衛法違反の場合には、両罰規定として会社も処罰される可能性もあります。

　現実的には、悪質な場合でない限り罰金で終わるケースが多いです。「罰金で終わるなら」と安心するのは早計です。罰金といえども前科ということになります。前科があると、特定の国に入国ができないなど不都合が生じて、将来のキャリアプランに影響することがあるので注意を要します。なお、前科と似た言葉で前歴があります。ときどき両者を混同している先生がいますね。前科とは、罰金を含め有罪判決を受けた経歴のことです。前歴とは、

有罪判決に至らなかった犯罪歴です。例えば、軽微であるがゆえに不起訴処分となった場合には前歴ということになります。

　こういった刑事責任を軽減させるには、なんといっても被害者との示談です。仮に「寛大な処分を求める」という宥恕の意思表示を被害者からもらえなくても、示談が成立しているだけで有利になります。ただし、被害が甚大な場合は治療も長期間にわたるため、刑事裁判までに示談ができないこともよくあります。その場合には、代替的に適切な賠償額が決まれば直ちに支払うことを説明して、処罰の軽減を求めていくことになります。

　このとき、抽象的に「支払う」といっても、捜査機関や裁判所としても「はい、そうですか」というわけにはいきません。賠償金を一括で支払えるほどの十分な手元資金があるとは限らないからです。支払えることを前提に判決がなされ、事後的に支払えなかったとなれば、被害者感情として許せないものがあるでしょう。**そこで示談未了の場合には、使用者賠償責任保険の保険証券の写しを証拠として提出することがあります。**「賠償額が定まれば保険で対応できる」となれば、将来における確実な支払いが担保されるからです。その意味でも労災保険だけではなく、使用者賠償責任保険にも加入するようにアドバイスしておいてください。

 民間の保険制度の知見を深める

　先生方のサービスの品質を上げるためには、民間の保険制度についての知見を深めるのもひとつです。労災保険をはじめとした公的保険の専門家ですから、そう難しいことではありません。より広く、保険制度全体を俯瞰するように見てください。これは経

営者からすればとても力強い存在です。経営者は、保険の必要性を理解しつつも、制度が複雑であるため十分に理解できているとは限りません。保険について不足や重複といったケースも少なくありません。

　経営を保険から語ることができる人は、あまりいないのが現状です。保険会社の担当者の話だと、経営者としても「売る側だから」というバイアスのもとで話を聞いてしまいます。だからこそ先生方が第三者的立場からアドバイスすれば、経営者にとって参考になるはずです。**さらに民間の保険の知見を深めるのは、労災事故の筋読みをするうえでも参考になります。**

　ここで、保険の対象についての誤解から大きな危機に陥った事例をご紹介します。

　【事例】　ある町工場の社員であるＡは、同僚のＢを助手席に乗せて会社のトラックで配送をしていました。Ａは、雨のなかスリップ事故を引き起こしてしまい、Ｂの右足切断という大きな事故になってしまいました。会社はトラックに対人・対物無制限の保険をかけていました。

　Ｂは、弁護士をつけて約6,000万円の使用者賠償責任を会社に求めてきました。これは労災保険の給付とは別に求めてきたものです。会社は使用者賠償保険に加入していなかったものの、自動車保険で対応できるものと安易に考えていました。ですが保険会社からの回答は、「支払うことができない」というものでした。というのも、自動車保険では、被害者と加害者が同じ会社の従業員の場合には保険給付の対象にならないとされていたからです。経営者は愕然としました。さすがに銀行に相談しても、賠償金の支払

　対応を一歩間違えると、会社が倒産していた事案です。先生方
のなかには、「労災事故といえども自動車事故の場合には保険会
社が対応するから」と安直に考えている方も散見されますので注
意を要します。

民事上の責任への対処

　ここからは民事賠償について注意点を説明していきます。一般
的に被害者が会社に対して請求する賠償額は、交通事故における
算定方法を基礎にします。労災事故も交通事故も、過失による事
故という点において共通性を有するからです。会社への請求では、
労災保険で填補されない慰謝料や将来の収入補償としての逸失利
益が主たる請求内容になってきます。

　**労災事故の場合には、死亡によるケースが最も損害額が大きく
なるとは限りません。**例えば、脳を損傷して意識を喪失したよう
なケースでは、平均余命までの医療費や介護費用も損害となりま
す。将来の介護費用として、日額8,000円を平均余命までの日数
で乗じて請求されることもあります。これだけでも数千万円の損
害として計上される可能性があります。ですから、表面的な損害
の状況だけで損害額を判断することはできません。

　死亡事案の場合における請求権者は、もちろん相続人というこ
とになります。もっとも相続人を特定することは、一般にイメー

ジされるほど容易ではありません。相続人は、基本的に亡くなった方の出生から死亡までの戸籍で特定していきます。離婚歴がある方の場合には、離婚した相手との子も相続人になります。各相続人は、他の相続人の意向に関係なく、自分の相続分に応じて賠償金を請求することができます。ですから相続人間の歩調が合わないときには、一部の相続人からのみ損害賠償を受けることもあります。

　では、労災事故の被害者が存命であるものの判断能力を喪失した場合はどうなるのでしょう。例えば高次脳機能障害と判断された場合などが典型例です。この場合には、存命であるため相続が発生しておらず、被害者本人が請求権者になります。もっとも本人には、自分で交渉することも弁護士に依頼することもできません。このような場合には、親族の申立てにより家庭裁判所で成年後見人を選任してもらいます。身寄りがない方の場合には、市長が申立てをすることもできます。成年後見人が本人のために、交渉あるいは訴訟をすることになります。こういった成年後見人は、親族が選任されることもあれば弁護士が選任されることもあります。このような選任に伴う費用については、労災事故による損害として会社が負担します。ちなみに成年後見人として弁護士が選任された場合には、家庭裁判所が報酬を決定して、本人の資産から支払いがなされます。労災事故がなければ、こういった成年後見人の将来の報酬も発生しません。ですから損害賠償では、成年後見人の申立費用のみならず、将来の報酬も含めて請求をされることがあります。

賠償額計算時の留意点

それでは具体的な賠償額について、もう少し細かく見ていきましょう。**損害賠償責任を請求する場合には、発生した損害から労災保険として給付されたものを控除します。**こういった調整を要するのは、もちろん被害者として同じ項目で二重の補償を受けることを防止するためです。実際にどの範囲で調整を要するかは、個別の事案に応じて確認していくことになります。ここではかなり細かな計算が必要となるため、私も事件に応じて資料を見比べながら検討していますし、必要に応じて先生方に意見を求めることがあります。労災保険給付が年金として支給される場合には特に注意を要します。

（1）支給済みの年金とは

損害賠償請求において控除される労災保険の給付は、支給が確定した範囲のみです。そのため、将来の年金が請求から控除されることはありません。問題は、いかなる範囲をもって"支給が確定した年金"として認識するかです。労災事故の訴訟は、提訴から判決までが数年にわたることも珍しくありません。そのため、提訴から判決までの期間にも年金が支給されます。提訴のときと判決のときでは、受取済みの年金の総額に差異が出てきます。そこで、どの時点をもって損害賠償から控除するべき"支給が確定した年金"としてとらえるかが問題になるわけです。

この場合に控除されるのは、提訴ではなく事実審口頭弁論終結時点までに支給された年金です。誤解を恐れずざっくりいえば、"判決直前の期日までに支給が確定した年金"ということになり

ます。意外とご存じない人がいますね。ですから判決が近づいたら、先生方に「現時点までに確定した支給額を一度確認してもらえますか」とお伝えすることになります。

（2）履行の猶予とは

　このように、将来の年金について控除されないということは、被害者にとって労災保険給付と損害賠償の双方により損害の填補を受けることになり、本来の損害を超えて補填されることになり得ます。逆に会社にとっては、労災保険料と損害賠償金という二重の負担を強いられることになりかねません。そこで民事損害賠償と労災保険給付の調整として定められているのが履行の猶予という制度です（労働者災害補償保険法附則64条1項1号）。この制度については知識が曖昧な方もいると思いますので、一度参考文献にあたってみてください。概要としては、会社が一定額の範囲で損害賠償の履行の猶予を求めることができるというものです。そして、履行が猶予されているときに年金給付などが現実になされた場合には、法律で定められた範囲で会社として損害賠償の責任を免れます（同64条1項2号）。

　こういった履行の猶予については、会社の負担を軽減させるために、訴訟などにおいても会社から積極的に主張していく必要があります。具体的に猶予される金額の試算については、先生方に相談するときもあります。

損害賠償請求での論点

損害賠償請求で論点になるのは、主に損害の内容と過失相殺です。

（1）損害の内容

まず損害の内容としては、将来の収入補償としての逸失利益と労災保険で対応されない慰謝料が主たる争点になりがちです。

逸失利益は、基礎収入、労働能力喪失期間および労働能力喪失率をベースに算定されます。労働能力喪失期間は、67歳まで勤務できたことを想定して算定します。「67歳まであとわずか」「すでに67歳を超えている」という場合には、平均余命の半分をもって労働能力喪失期間として算定することがあります。

労働能力喪失率は、労災で認定された後遺障害等級を参考にします。ですから損害賠償が具体的に請求されるのは、後遺障害等級認定がなされた後ということになります。**ここで注意するべきは、損害賠償においては、後遺障害等級が認定されても逸失利益が否定あるいは制限される場合があるということです。**例えば、歯牙欠損を理由として後遺障害が認定されても、「歯が欠けても労働に影響がない」として逸失利益は認められないこともあり得ます。他にも、外貌醜状について、モデルなどでない限り職業に影響しないとして逸失利益が認められないこともあります。裁判所は、逸失利益を否定して後遺障害慰謝料の増額などで修正を試みることもあります。ですから、被害者に「裁判をすれば逸失利益が認められます」と安易に説明すると、期待を裏切る結果となることがあります。

慰謝料に関しては、**入通院日数や後遺障害等級に応じておよそ の相場があります。**さすがに裁判官によって慰謝料の金額がまっ たく違うということになると問題でしょう。この相場をもとに、 個別事情を考慮して調整していくことになります。

（2）過失相殺

　過失相殺については、事故態様などを総合的に考慮して判断し ていくことになります。当事者が合意できなければ裁判所が判断 をすることになります。過失割合の判断では、過去の類似判例を ベースに判断されることが多いでしょう。基本的な過失割合を決 めたうえで、付加的事情を考慮して修正し、最終的な過失割合が 定まっていきます。労災事故で会社側にまったく過失がないとい うケースは想定しにくいと考えられます。ですから現実的な争い 方としては、会社としての無過失を主張しつつも、同時並行的に 被害者側の過失を述べて、過失相殺を求めていくことになります。 先生方も、過失割合をまとめた本を手元に持っておくと便利で しょう。

 示談、和解時は調整に注意

　損害賠償請求は、交渉を経て訴訟というプロセスが多いです。 私は、大半の案件を示談あるいは訴訟における和解で終えていま す。徹底的に争って判決まで至るケースは少ないです。和解であ れば、口外禁止条項など柔軟な取決めをすることができるからで す。

　もっとも、示談や和解をするときには、労災保険給付との調整

に工夫を要します。労災保険給付について同一の事由で損害賠償を受けたときは、政府として定められた範囲で労災保険給付をしないことができるとされています（労働者災害補償保険法附則64条2項）。ですから「どの内容で損害賠償金を受け取ったか」は、労災保険との関係でも必要になります。判決であれば、理由のなかで損害の明細が出ますので、労災保険給付との調整を要する部分が明確です。これに対して交渉や和解では、損害の内訳がはっきりしません。「損害賠償金として金〇円を支払う」という総額だけが記載されています。そのため賠償の内容がわからず、労災保険給付との調整においてトラブルになることがあります。**交渉や裁判における和解においても、内訳はわかるようにしておくべきです。**私は裁判所に対し、和解案に関して総額だけではなく内訳も明らかにしてもらうよう依頼しています。そうしなければ、事後的な調整の判断で混乱するからです。

　なお被害者に対しては、損害賠償金を受領したことで一時的に年金の支給が停止される場合があることを事前に説明しておくべきです。先生方からすれば、制度からして当然のことでしょうが、被害者にとっては青天の霹靂になり得ます。被害者にすれば、労災保険における年金と損害賠償は別という発想だからです。「そんな話は聞いていない」というトラブルを避けるためにも、示談などをする前に伝えておくべきでしょう。

　最終的に判決となれば、裁判所が判決書を作成することになります。これに対して示談や訴訟における和解の場合には、合意内容を当事者で決めていくことになります。この場合には、損害賠償金を受領した場合でも給付済みの保険給付に影響しないことを明記しておくべきです。

II セクハラから被害者を守る

現実は教科書通りにはいかない

　育成プロセスにおける次なる検討対象がセクハラです。先生方は、セクハラについて十分勉強しているでしょう。今更感があるかもしれません。ですが、セクハラの相談を受けたとき、教科書通りにいくとは限りません。というのも教科書の記載は、たいてい「セクハラの被害があった」ということを前提にしているからです。現実には「そもそもセクハラがあったのか」という事実の存否から争われることになります。私たちは、教科書のなかに示された事実ではなく、現実のなかの事実を対象にしています。だからこそ「現実的にいかに対処するべきか」という視点から離れてはなりません。それでは時系列に沿って対処方法を確認していきましょう。

STEP 1　ヒアリングと証拠の確認

　まずセクハラの相談は、被害者とされる人からの「少し相談が」という言葉で始まります。本人から経営者に直接相談を持ち込まれることもあれば、本人の上司経由で相談が持ち込まれることもあります。セクハラ被害は、「ただ一度の被害」ということは通常ありません。繰り返し被害にあったうえで「もう耐えられず」ということで相談となります。すべては、被害者へのヒアリングから始まります。このヒアリングは、できれば被害者と同性の方が担当するべきです。「異性に話をする」ということ自体に不安を抱くこともあるからです。**先生方もスキルのひとつとして、カウンセリングの基本的な技法を学習しておくといいです。**セクハラといったナーバスな事案に関して、経営者から「いかに質問したらいいのか」という相談を受けることがあるからです。「何かを聞く」というのは、想像よりも難しいものです。聞かなければ事実がわからず、聞きすぎると傷つける。「聞き方」についてきちんとアドバイスできる方は、経営者にとって頼りがいのある先生になるでしょう。

　セクハラは、必ずしも従業員間でなされるとは限りません。医療機関では、女性の看護師が患者からの被害に悩まされるケースが少なくありません。**医療機関は、世間体もあってか「相手は患者だから」「年寄りのすることだから」と話をうやむやにしがちです。**ですが、曖昧な態度はかえって被害を拡大させます。「これは違法行為です」とはっきり通知することが社員を守ることになります。必要であれば弁護士名で通知をするべきです。少なくとも私の関与先では、然るべき牽制を直ちにしています。それで

来院しなくなれば、それだけのことです。

　セクハラの被害をヒアリングするときには、被害を根拠づける客観的な証拠の有無も確認していきます。経営者がやりがちなのは、「被害」という言葉に引っ張られてしまって加害者とされる人をいきなり呼び出すことです。「被害者を守らねば」という経営者の心情もわかります。**ただ、一方当事者の言い分だけで判断するのは、あまりにも危険です**。痴情のもつれから、腹いせのために女性が自作自演していただけという事案もありました。加害者とされた社員から「名誉毀損だ」と経営者がかえって詰め寄られることになってしまいました。**「被害者を守ること」と「拙速に判断をすること」は、レベルの違う話です**。被害者を守るためにも、客観的な証拠を確認してから動き出してください。

　ここでいう客観的な証拠とは、メール、チャットあるいは録音といったものです。よく「相手に無断で行った録音は証拠になるのか」という質問を受けることがあります。**パワハラやセクハラの加害行為の立証という目的であれば、秘密に録音されたものでも一般的に証拠となります**。仮に客観的な証拠がないのであれば、「あなたのことを守りたい。ただ、客観的な証拠がない現状で、一方的に相手を呼び出して処分をくだすことはできない。安易に呼び出せば、否定されて証拠も隠蔽されることになりかねない。そこでもう少し様子を見て、客観的な証拠を確保してもらいたい。安全には十分配慮する」といった説明をするべきです。

STEP 2　調査の開始

　本人からのヒアリング後に本格的な調査が始まります。**会社は、**

本人の同意なく幹部に情報を共有するべきではありません。セクハラ関連の話は、とかく歪曲されて興味本位で広がってしまう危険があります。これでは被害者が、風評による二次被害にあってしまいます。被害防止のためにも、本人には、社労士も含めた「情報を共有する範囲」を説明し、同意をもらってください。私は、労働法の専門家である先生方も調査に関与するべきと考えています。被害者としても、専門家に話を聞いてもらえるのは精神的な負担軽減につながるはずです。

　調査を実施するときには、開始時点において関係者間で以下の点を確認しておきます。

> 調査する内容／調査する方法／調査結果を受けての判断方法

　漫然と調査を開始すると、経験不足から被害者感情の共有だけで終わってしまいがちです。これでは問題の解決にも被害者の救済にもなりません。**調査内容は、少なくとも①行為の内容、②被害の程度、③被害にあった期間**となります。実際にこういった調査に関与する際には、事前に弁護士へ調査の内容と方法を確認しておくといいです。

　なお、調査は申出があった段階で迅速に動き出す必要があります。結果の報告までに不必要に時間を要した場合には、迅速な対応をしなかったことをもって会社としての責任を問われる可能性があります。

STEP 3　調査結果の判断

STEP 2 を踏まえ、セクハラの有無について判断をしていく

ことになります。セクハラの判断は、「事実の有無」「認定された事実のセクハラ該当性」というふたつのプロセスを経ることになります。このうち後者のセクハラ該当性は、パワハラに比較して容易です。業務に関係のない性的な言動であれば、通常はセクハラといえるでしょう。仮に本人が「セクハラの意図はない。あくまでスキンシップとして」と弁解しても、該当性の判断は外形的になされます。主観がどうであれ、客観的に見て性的言動であればセクハラということになるでしょう。つまり加害者の主観的弁解は、判断においてあまり意味を持ちません。

　実務レベルで難しいのが、前者の事実の有無にかかる判断です。当事者が「そんなのは言いがかりだ。事実無根だ」と反論する場合です。もちろん客観的な証拠が確保できていれば、こういった弁解にも反論することができます。**ですが、セクハラは往々にして密行性を伴うために、客観的な証拠があるとは限りません。そういった場合に、会社が一方的に「これが事実だ」と判断をするのは危険な行為です。**

　そもそも会社には、事実関係を終局的に判断する権限などありません。現実には「判断しかねる」というときもあるわけです。その場合には、ありのまま被害者に伝えるしかないでしょう。「会社としては、被害者とされる方を守る責務があります。同時に、双方社員であるため、一方の言い分だけをもとに事実を判断することもできません。ですから、あなたとしてセクハラの事実があったという認識であれば、司法的な判断を仰いでください」と伝えることになります。こういった対応は、ときに被害者から「会社が被害者を見捨てた」と批判を受けることにもなります。被害者の気持ちもわかるのですが、やはり根拠もないまま事実を判断することは避けるべきです。そのための司法システムということに

なります。

　セクハラの場合には、会社も「なんとか被害者のために」ということで、調査や証拠の収集に躍起になります。それ自体は会社として評価するべきことです。もっとも、感情に流されてしまい「セクハラありき」で対応した結果、行きすぎた調査を行ってしまうこともあります。これでは調査の目的が「事実の確認」から「加害者の処罰」にすりかわってしまい、魔女裁判のようになってしまいます。**調査と処分は峻別するべきものです。然るべき調査をして事実関係が不明であれば、司法のシステムに乗せることも必要です。**

 ## STEP 4　認定事実への対応

　加害者がセクハラの事実を認めた場合には、当事者への対応について話を進めることになります。被害者が請求するものとしては、慰謝料および加害者の解雇・配置転換が多いです。

　慰謝料については、被害の程度や期間をベースに過去の判例から検討していきます。およそ30万円から100万円の幅で示談をすることが多い印象を受けます。数百万円の賠償金を負担するときは、被害が甚大で継続勤務できないようなケースでしょう。

　慰謝料を決めていくうえでは、誰かがたたき台となる数字を提示する必要があります。本来であれば請求をする被害者から提示されるべきものですが、なかなか難しいものがあります。被害者にしても、慰謝料の相場などわからないものです。ですが、これではいつまでも示談交渉が進展しません。

　そこで会社から具体的な金額を提示することになります。この

とき金額だけを提示しても、被害者は判断することができません。類似した裁判例などを説明しながら金額を提案することで、被害者としても判断しやすくなります。必要に応じて「弁護士の方に相談をしてみては」と水を向けるのもひとつです。経営者のなかには、「弁護士に相談に行かれると話が大きくなる。なんとかやめさせなければ」と考える人がいます。これは会社側の姿勢として問題があります。弁護士に相談することを妨害することがあれば、その行為自体が問題視されます。また**弁護士が代理人につくことで、かえって事案解決に向けてスムーズに話が展開することもあります。**いずれにしても、一方的に「これで示談しなさい」というスタンスは絶対にとってはいけません。

　なお、こういった慰謝料等の賠償金は、いったん会社が負担するようにしましょう。被害者にすれば、「直接の加害者から支払ってほしい」という気持ちもあります。ですが、加害者が実際に支払うとは限りません。示談をしたにもかかわらず支払いがないとなると、被害者にさらなる苦痛を与えることになります。これを避けるためにも、会社がいったん負担するのです。会社はその後、加害者に求償することになります。ですから被害者と示談するときには、同時に会社と加害者間で求償についての書面も作成しましょう。

 ## 被害者から加害者の退職を求められた場合

　被害者からは、慰謝料とは別に事実上の要望として「（加害者と）同じ職場で勤務できない」という申出がなされることが一般的です。被害者感情としては当然のものでしょう。もっとも要求を実

現することは、それほど簡単なことではありません。

　前提として、人事権はあくまで会社が有するものであるため、被害者の意向に拘束されるものではありません。いくら被害者が「解雇させるべき」と主張したとしても、判断する権利は会社にあります。会社が人事権を有しているなかで、どこまで被害者の感情に寄り添った判断をするか、ということになります。

　加害者が責任を感じて退職をすれば問題になりません。ですが退職しない場合には、会社としての対応に悩むことになります。セクハラの加害行為だけを根拠に懲戒解雇できるとは限りません。刑事事件になるようなものであれば可能であっても、職場の環境を害したという程度では難しいでしょう。むしろ安易に解雇すれば、不当解雇で争われる可能性もあります。やはり退職勧奨を実施するのが限界でしょう。

　加害者が退職しない場合には、被害者との接触を防止するために配置転換としての部署変更などを検討することになります。支店が複数ある大企業であれば、配置転換をして事実上顔を合わせないようにする配慮もできます。ですが、中小企業には正直なところ現実性がありません。営業から事務に配置転換しても「同じ建物のまま」という事態も当然あります。ですから、中小企業にとって配置転換は現実的な解決策にはなりにくいです。

　このような状況では、被害者から退職の意向が提示されることもあります。あるいは会社から被害者のために、あえて退職を提案することもあります。この場合には、被害者の人生を大きく変えることになるため、会社としても相応の経済的補償をするべきです。個人的には、少なくとも半年から1年の賃金相当額を退職金に加算して合意するようにしています。もちろん教科書的には、被害者である社員が退職するのはおかしいということになりま

す。被害者が退職する形式での解決は、本来あるべきものではないでしょう。**ですが現実は、ときに不条理な結末に至るものです。その不条理のなかで解決の指針を示すのが、現場に生きる士業の役目といえます。**

加害者の処遇

　最後に、加害者とされる者の処遇について確認しておきましょう。そもそもセクハラ加害者には、「自分が悪いことをしている」という意識が希薄です。なかには「自分は営業数字を持っている。社長も強くは非難できない」と悪態をつく者もいました。ですから、セクハラを注意しても再び同じような行動に出る傾向が強いです。**セクハラが発覚したときには、被害者を守り、組織の秩序を確保するためにも然るべき処分をする必要があります。**「とりあえず今回は」というコトナカレ主義こそ組織を弱体化させ、経営者への信用を喪失させます。

　具体的な懲戒の程度は、セクハラの内容によって異なります。セクハラといっても、無理にキスをしたといった刑事罰の対象になるものから、卑猥な発言で職場環境を悪化させたというものまで、さまざまなレベルがあります。刑事罰の対象になるような行為については、懲戒解雇も可能でしょう。逆に職場環境を悪化させるといったものについては、譴責や降格くらいしかできないといえます。個人的には、退職勧奨を提案しつつ、応じない場合には降格処分とするケースが多いです。

　こういった降格処分については、「どこまでの降格処分なら許されるか」と相談を受けることがよくあります。例えば、介護施

設の施設長がセクハラ行為に及んだときに、役職をすべて外して一般の介護職とすることができるかなどです。もちろん賃金も大幅に減ることになります。どこまでの降格処分が許容されるかについては、一律の基準というものはありません。会社のした降格処分が重すぎるということになれば、裁判なりで争われることになります。ですから「どこまでの降格処分であれば相当なものとして争われないか」といくら思案しても仕方ありません。争われるときには争われるからです。ですから会社としては「これが相当な処分だ」と言い渡すしかありません。

　もっとも、事後的な争いを回避するために、降格処分を言い渡すときには本人に確認書【参考書式2】をもらうようにしています。降格処分に伴い賃金が減少することを受け入れた内容の書面となります。こういった書面があれば、事後的に不当な処罰として争われるリスクを低減することができます。

【参考書式２】降格処分時の確認書（例）

確認書

　当方は、下記の事項について貴社より説明を受け、これについて何らの異議がないことを確認する。

記

1. 当方の職位が令和○年○月○日付にて○○部長から○○課長に変更されること
2. 前項に伴い当方の基本給が月額○円から月額○円に変更されること

株式会社○○　代表取締役　○○○○　殿

令和○年○月○日

氏　　名　　△△△△　　　　　　　　　　　　　㊞

Ⅲ 社員の不正、根底にある経営者への羨望

不正の動機

　「少し急ぎでお会いしたい。電話でははばかられるので」と経営者から連絡があると「なにごと!?」と焦ります。慌てて相談日を設定すると「実は社員の不正が発覚しまして」と沈痛な話が始まります。中小企業における横領、窃盗といった不正行為は、決して珍しいことではありません。被害の大小はあれど、先生方も相談を受けたことがあるでしょう。もっとも、実際に不正が発生したときの対応については、刑事責任と民事責任が交錯する分野であるため整理しにくいところがあります。そこで、社員の不正が発覚した場合の対応について説明していきます。まずは不正の動機から見ていきましょう。

　不正の動機は、圧倒的に生活苦が多いです。浪費や博打で負債を作ることもあれば、教育資金や住宅ローンの負担が想定よりも大きくなったというものもあります。過去には、家族の介護の負担から手を染めてしまったという方も目にしたことがあります。**つまり、普通の社員が不正に手を染めてしまうということです。**

人は、いったん実現した生活レベルを下げることができません。生活レベルを維持するために、不足部分を不正で補填してしまいます。

　もっとも、生活苦だけで不正に手を染めるわけではありません。生活苦にひとつの感情が重なることで、不正に及んでしまいます。それは経営者に対する羨望です。「賃金は上がらない。それなのに社長は外車を購入している」といった羨望は、いつか怨嗟の感情へとなっていきます。もちろん経営者からすれば、相応の責任を果たしているということになります。ですが、正論を述べても相手に伝わるとは限りません。**つまるところ不正の原因は、社員と経営者の信頼関係の破綻に尽きます。**経営者に対する誠実な思いがあれば、最後のところで踏みとどまることができたかもしれません。最近では、「会社が私生活のことを聞いてはいけない」ということが杓子定規に語られています。それによって、社員の生活実態がまったくわからないという事象も起きています。**人的関係が力の源泉とされる中小企業の経営において、社員のことをまったく知らないことが「いいこと」だとは考えられません。**普段の何気ない会話のなかで、生活についてさりげなく聞いておくことは、社員の不正を防ぐことにもなるはずです。

ブラックボックス化が招くもの

　動機があるだけでは実行に至りません。不正が生じてしまう根本的な原因は、特定の人に特定の業務が貼りついてしまうこと、いわゆるブラックボックス化です。中小企業は、たいていギリギリの人員で業務をまわしています。相対的にバックオフィス業務

に割ける人員が少なくなりますし、慣れた人に任せることが最も効率的でしょう。ですが、これによって「その人しか対応できない」という状態に陥ります。ブラックボックス化の難点は、もともと業務の効率化を目的としていることにあります。目的が正当であるがゆえに、見えない部分が広がっても周囲から咎められません。気がつけば、「周囲からはまったくわからない」という事態になります。これが、担当者にとって悪魔のささやきになるのです。

　ブラックボックス化は、業務のノウハウだけではなく具体的なシステム運用にも及ぶことがあります。例えば社員のパソコンのパスワードを会社が把握していないようなケースです。不正を調査しようにも、本人しかログインできないために調査が難航することもあります。ある介護事業所では、不正発覚で退職した者がパスワードを無断で変更していました。事後的に介護情報を見ることができなくなったわけです。**「余人をもって代えがたし」という状況は、事業においてときにリスクになることを認識しておくべきです。**

　さらにブラックボックス化は、DXをはじめとする業務改善の阻害要因にもなります。ある社労士の方から、自分の事務所の経営について相談を受けたことがあります。「せっかくクラウド化しようにも、ベテラン職員が『できない』と言って話が進まない」というものでした。人は、基本的に変化を嫌う動物です。年齢を重ねてからスタイルを変えることは、相当のストレスになります。しかもDXによって効率化が進めば、自分の存在意義を否定されることにもなりかねません。そのためDXに逆行する態度をとってしまいがちです。**経営者がDXを進めようにも、従前の業務を特定の人に依存しすぎたがゆえにうまくいかないというわけで**

す。なお、社労士の先生が自分の事務所における「人の問題」で悩むことはよくあることです。「人事のプロなのに」ということで、なかなか周囲にも相談できないようです。大丈夫、みんな悩んでいますから、遠慮なく相談してください。

 ## 不正の類型とその方法

（1）不正の類型

　中小企業の社員による不正は、業務上横領あるいは窃盗が典型的でしょう。ときに会社の不正をすべて横領で語る人がいますが、正確ではありません。横領と窃盗は、異なる概念です。両者の相違は、それ自体が論点になる複雑なものです。

　誤解を恐れずにイメージだけをお伝えすれば、その違いは"管理の有無"ということになります。自らの管理下にあるものを自分のものにすれば横領、他人の管理下にあるものを自分のものにすれば窃盗というものです。例えば、経理担当者が会社の口座から資金を引き出し、自分のものにすれば横領になります。営業担当者が経理係の金庫から現金をとれば窃盗になります。横領と窃盗の相違は微妙なこともあるので、弁護士に確認してもらうべきです。私にしても「これはどっちか」と悩むことがよくあります。それほど微妙な問題なわけです。

（2）不正の方法

　中小企業における不正の方法は、たいてい驚くほどに単純なものです。「経理担当者が口座から現金を引き出していた」「経理担

当者が経費を水増しして差額を自分のものにしていた」「営業担当者が会社の在庫を横流ししていた」「営業担当者が交通費などの経費を過大に請求していた」といったようなものです。ドラマで見るような複雑な手法が採用されることはまずないです。手法が複雑だと自分でも不正を管理することができなくなるからです。また複雑なことを実行するほどの精神的な余裕もありません。そのため実際の手口は非常にシンプルなものになります。経営者は、「なぜこんな明らかなことに今まで気がつかなかったのか」と他の社員を叱責することもあります。**ですが、手口がシンプルだからといって容易に発見できるとは限りません。むしろシンプルであるがゆえに、周囲から注目もされず、発見されにくいともいえます。**人は月並みなものほど意識を向けないものです。自宅や職場の階段の段数を知る人がいないのと同じことです。

　こういった不正は、発覚した時点で相当の被害になっています。ケースによっては、数千万円の被害額になっていることもあります。中小企業の場合には、1回の行為による被害額は数万円といったように低額です。大きな金額を動かすと不正が発覚してしまうからです。**小さな被害が長期的に繰り返し実施されることによって、結果として被害額が甚大なものになってしまいます。この「小さな被害が長期的に」というのが中小企業の特徴といえるでしょう。**

　ここで考えさせられるのが人間の良心についてです。不正の摘発に関与すると「悪いことだとわかっていた」という弁解を耳にします。「悪いことだとわかっているなら、なぜ繰り返してしまったのか」と疑問に思うかもしれません。ここに人間心理の難しさがあります。「最初の1回」で不正が発覚するようなことはありません。発覚するまでにいくらでもやめる機会はあったはずです。

それでもやってしまうわけです。**人の良心は、崩れるまでは強固であるものの一度崩れてしまうと止められません。**ある事案で面談を終えたときに「不謹慎ですが、発覚してほっとしている自分がいます。やってはだめだとわかっていても、やめられない自分が怖かったのです」と語っていたのが印象的でした。自分で自分を律することができなくなってしまうのです。

 不正発覚後の対応

　それでは不正が発覚した場合の対応について確認していきましょう。不正は、イレギュラーな事象が生じたときに発覚しやすいものです。例えば「本人が病気のために他の社員が急遽対応した」「担当税理士が変わった」などです。ある事案では、税理士が「担当社員がなかなか資料を提出してくれない」と苦情を入れたことで発覚しました。不正が発覚したときには、調査を開始します。いきなり本人を呼びつけても否定されるだけですし、証拠も隠蔽されてしまいます。ですから証拠を固めたうえで本人を呼び出します。本人には証拠を見せながら、事実について聞き取りをしていくことになります。本人からの聞き取りは、いわば一発勝負。だからこそ反論の余地がないほどに事前の準備を周到にしておくべきです。

　調査に関しては、業務命令として本人に自宅待機を命じることもあります。この期間の休業手当について質問を受けることがあります。不正の調査の場合には、休業手当の支給がない旨を就業規則に明記している方もいるでしょう。調査目的の自宅待機における休業手当については判断の分かれるところです。私は、万が

一不正の事実が裏付けできなかった場合のリスクを削減したいので、経営者に休業手当を負担するように指示しています。もっとも社員は、自宅待機を命じられた時点で覚悟を決めて犯行を認めることが多いです。そのため現実に悩むことはあまりありません。自宅待機を命じるまでに確保できた証拠がポイントになります。

本人からの聞き取りで犯行を認めた場合には、その場で事実関係を認める旨の書面に署名を求めます。あるいは録音でもいいです。**いずれにしても本人は、時間の経過とともに発言を変更する可能性もあります。事実関係を確定させるためにもなんらかの記録を残しておく必要があります。**書面を作成している場合ですら「無理に社長に書かされた。本意ではない」と事後的に争われたケースもあります。

こういった書面には、犯行の手口をできるだけ詳細に記載してもらいます。損害額については、全容解明が未了のためあまりこだわる必要がありません。具体的な返済額および返済方法については、追って協議をするということにすればいいでしょう。まずは不正を認めたということを確定されることが先決です。

「被害については全額をすぐに支払います」といった文言を書かせる方もいます。事後的に一括返済ができないとわかると、「全額すぐに返済すると記載しておきながら、できないとは何事だ」となりがちです。しかし、そもそも経済力がないために犯行に及んでいるのですから、直ちに賠償できるはずがありません。ですから、具体的な返済能力も不明の状態で一括返済を認めさせる書面に署名させてもあまり意味がありません。ない袖は振れないからです。本人にしても、犯行発覚による恐怖から、その場をやり過ごすために署名しただけとなってしまうでしょう。個人的な経験からしても、「すぐに返済する」と弁解されて一括弁済に成功

したケースは見たことがないです。

 ## 刑事告訴をするか否か

　事実が発覚すると、経営者のなかには「許せない。刑事告訴だ」と息巻く方がいます。先生方も経営者の憤りに押されて「どうしたものか」と頭を抱えたことがあるかもしれません。**もっとも刑事事件として扱うことの妥当性については、一度落ち着いて考える必要があります。**服役すれば、それだけで被害回収の可能性が低くなります。「刑事責任を免れるために被害弁償しなければ」という本人のインセンティブも失われてしまうからです。さらに、銀行をはじめとした周囲の知るところとなり「どういう管理なのか」という風評被害にもつながりかねません。なにより、コストをかけて刑事責任を求めても、会社にとって特段の利益を与えません。個人的には、刑事責任を求めるのは限られた場合のみです。基本的には、「賠償責任を尽くせば刑事責任を求めない」という交渉の材料として利用するにとどめています。

　仮に刑事責任を求めるとなれば、警察に対して告訴することになります。この告訴にしても、実際には簡単に受け付けてくれるものではありません。警察からは、「告訴ではなく被害届にしませんか」と言われることがあるかもしれません。**「告訴」と「被害届」は、警察に犯罪行為を伝える点では同じですが、まったく効果が違います。**ざっくり説明すると、告訴は捜査をしなければならず、かつ結果を報告する義務があります。これに対して被害届は、捜査実施の裁量が警察にあり、かつ結果を報告する義務もないです。ですから、会社は告訴をしなければ意味がありません。

告訴にしても、ただ告訴状を出せばいいというものでもありません。実際には資料を作成して提出する必要があります。

　資料の作成などにはコストが自ずと発生します。例えば、会計帳簿の不正解明を税理士に依頼すれば、調査費用が発生します。また社内調査のために割り付けた社員の人件費もかかります。事実さえ告げれば警察がすべて無償でやってくれるというものではないです。

　しかも、警察が被害額全額について刑事責任を追及してくれるとは限りません。刑事責任は、証拠の内容からして「固いところ」で追及します。ですから、仮に会社として把握した被害額が1,000万円だったとしても、証拠との関係で50万円の範囲で起訴ということもあります。

民事賠償の損害額算定

　それでは次に、民事賠償について考えてみましょう。**会社の受ける損害は、現実に横領された金額といった表面的な数字だけでは語れません。**例えば経理担当者が経費を水増しして、2,000万円を横領したとしましょう。まずは奪われた2,000万円が損害となります。これはわかりやすいですね。次に、2,000万円の経費が架空計上されていたのであれば、本来であれば同額の利益が会社に出ていたことになります。つまり納税額を間違っていたことになります。そのため会社は、2,000万円について修正申告のうえ、延滞税を含めた金額を改めて納税する必要があります。改めて申告をするので、税理士費用なども発生してしまいます。経営者からすれば、「2,000万円の回収もできていないのに納税する必要が

あるのか。しかも延滞税も」となりますが仕方ありません。会社にとっては相当のキャッシュが出ていくことになります。

　こういった損害額の算定は、本人が否定した場合も見越して、証拠に基づいたものでなければなりません。「数字が合わないから損害」というのでは、争われたときに裁判では勝てません。会社の資産が流出していること、および流出が本人の行為によるものであることを基礎づける資料が必要となります。損害額の確定は、それほど簡単な作業ではないのです。「徹底的に損害を解明しよう」とすると、いつまでも確定できないことになります。場合によっては、どこかで打ち止めとすることも必要です。

 ## 具体的な返済方法と連帯保証人の検討

　損害額が確定した段階で、具体的な返済方法について協議をすることになります。たいてい一括返済は難しく、分割返済ということになります。「家族や親戚に頼み込んで一括返済させるべきだ」という方もいますが、家族だからといって当然に賠償責任を負担するものではありません。なお、社員による不正への対策のひとつとして身元保証契約が挙げられることがあります。ですが契約更新を怠っており、いざというとき請求できないことも多いです。ですから、あまり実効性があるとは考えられません。これを機会に、顧問先における身元保証の契約更新の有無を一度確認してみるといいです。

　そこで現実的には、本人の資力を考慮して分割案を策定していくことになります。本人にはできるだけ早く別の会社で就労してもらい、返済原資を確保してもらうようにします。同時に、自社

の退職金の扱いについても確認しておきます。特に中退共については、原則として本人の口座に振込みがなされるため、振り込まれた金額について直ちに返済に充当することを書面で取り決めておきます。

　このとき、確実な返済のために検討を要するのは、連帯保証人の設定です。連帯保証人の設定は、本人の返済能力が不安定であるため必須です。連帯保証人が必要であることは、おそらく先生方も理解しているでしょう。もっとも連帯保証人を設定する際には、その資質についても注意を要します。

　ありがちなのは、配偶者や父母を連帯保証人にすることです。そもそも不正を働く社員は、世帯全体として資金不足です。配偶者も返済能力を十分に有していないことがよくあります。配偶者を連帯保証人にしても、返済資力がなければ回収できません。本人の父母にしても同じです。高齢者の場合には、年金しか収入がないということもあります。日本では、年金について差押えをすることができません。つまり年金は、返済の原資にならないということです。

　ですから連帯保証人を設定する際には、返済資力についてよく確認しておくべきです。見定めるポイントのひとつは職業です。自営業者よりも給与所得者が連帯保証人に適しています。給与所得者であれば、いざというとき給与を差し押さえることができます。これに対して自営業者は、「給与」といった安定した収入がありません。報酬や売掛の差押えといっても、取引先を把握していなければできません。

　なお「預貯金の差押えをすればいい」と安易に考えている人もいますが、これも簡単ではありません。差押えをする場合には、支店まで特定する必要があるからです。連帯保証人が自発的に口

座まで教えてくれるはずがないので、調査に時間とコストを要します。いざ差押えをしても、残高が少なく失敗する場合も少なくありません。

　本人と返済方法について協議が成立すれば、合意書を作成することになります。場合によっては公正証書で作成することもあります。**合意書においては、退職後も住所や勤務先について通知するように文言を入れるようにしています。**これは相手の所在や勤務先を確保しておかなければ、強制執行することができないからです。

赦しが被害弁償のモチベーションになる

　最後に本人の処遇について。もちろん懲戒解雇をすることもできます。ですが懲戒解雇をしても、会社として特段有利になるものではありません。むしろ解雇で争われるリスクだけを引き受ける可能性もあるので、お勧めしていません。そのため、自主退職を認めるケースが個人的には多いです。そのうえで、退職金については損害に充当するなどの工夫をしています。「赦せない」という経営者の気持ちには共感します。同時に、**赦しこそ経営者の器を大きくするものだと伝えて説得しています。**当事者にしても「赦してくれた」という思いがあればこそ「被害弁償には応じなければ」というモチベーションにもなります。何事も追求するだけがすべてではないということです。

Ⅳ 社員がうつ病を発症、会社としての対応

労災としてのうつ病

　メンタルヘルスに関する相談は、この数年において随分増えてきました。「社員からうつ病の診断書が提出されました。どのように対応しましょうか」という相談を受けることもあるでしょう。**メンタルヘルスに関する相談の難しさは、治療と会社の負担のバランスの取り方です。**経営者としては、もちろん治療を要する社員を支援したいと願っています。同時に、支援できることには限界もあります。このバランスの取り方に失敗すると、労働事件へと展開していくことがあります。先生方も「社員の要求に応じるのは難しい。だからといって、治療を要する立場だからむげにもできない」ということで頭を抱えることになります。ここでは先生方から受けることの多い相談をベースに、要諦を整理していきましょう。

（1）業務起因性を否定したい場合

　まずは、社員からうつ病に関して労災申請がなされた場合の対

処です。工場内での骨折といった事故では、負傷した原因が明確であるため業務起因性の判断で悩むこともあまりないでしょう。**これに対してうつ病の場合には、原因が客観的には明らかではありません。むしろ、ただひとつの要因というよりも複合的な要因から発症したものと考えるのが自然です。**例えば業務の大変さに離婚のストレスも加わって発症ということもあります。あるいは本人のストレス耐性が著しく低かったということもあるかもしれません。経営者からは、「うつ病と言われても、本人の私生活におけるトラブルもあるようだし…。これを認めていたら、すべてのうつ病が会社の責任になってしまう」と言われたこともあります。

　経営者は、うつ病に関して業務起因性が認められないとして労災申請への協力に難色を示すことがよくあります。特に申請書の事業主証明欄については、証明することで社員の主張する事実を会社として認めたことにもなりかねません。労災認定されると事後的に争うことも相当難しくなります。**ですから会社の判断において、証明書欄の記載を拒否することもあります。**うつ病に限ったものではないですが、会社として証明書欄の記載を拒否する場合には、拒否する理由を書面で社員に通知することがあります。これは、拒否した理由を社員および社員が持ち込むであろう労基署に対して明らかにするためです。

　会社として証明書欄の記載を拒否する場合でも、本人が労災申請することを禁じるようなことを伝えると、労災隠しなどと批判されます。「会社としては労災とは考えていないため、証明書を出すことはできない。もっとも労災申請を禁じる趣旨ではないので、自分で労基署に行って手続きしてください」などと伝えるのが穏当でしょう。こうした会社の姿勢に反発する社員は、弁護士

に依頼して労災を否定する会社と争うこともあります。これは意見の相違であるため、やむを得ません。なお本人が労災申請すると、たいてい労基署から会社に対して事情確認の連絡があります。この場合も「なぜ証明できないのか」について、書面で会社の見解を伝えるようにしています。

（2）診断書の内容に疑問がある場合

こういった労災申請において一考を要するものとして、社員の提示する診断書があります。医師の意見として「業務により」と記載されていることがあります。医師の見解であるため、会社としても身構えてしまいます。ですが、医師は必ずしも自ら患者の職場環境などを調査したうえで判断しているわけではありません。あくまで本人からの聞き取りに基づくものです。とはいえ当該判断は医学的見地からなされたものですから、治療のため尊重するべきものです。医学的知見を有さない会社が一方的に医師の判断について「医学的に不当である」などと述べるべきではありません。

しかしながら、治療の要否という医学的判断と労災該当性という法的判断では、判断の枠組みが異なります。仮に医師が「業務により」と診断書に記載しても、会社として業務起因性を争うことは当然あり得ることです。労災に該当するか否かは、医師の判断に拘束されるものではありません。

経営者のなかには、「こんな診断はおかしい。担当医に会って意見を聞きたい」といきり立つ人もいます。患者本人が面談に同意するのであればいざ知らず、一方的に医師に連絡して面談を求めるのは行きすぎです。医師としても、本人の同意なくして診断内容を説明することはないでしょう。仮に面談しても、医学的見

地と法的見地では立場が異なるため、有意義な議論になるとは限りません。むしろ執拗に面談を求めるとトラブルの原因になります。ですから、医師との直接の面談などは控えるべきだと個人的には考えています。

（3）労災認定前に慰謝料請求があった場合

ここまでは、本人がうつ病について労災申請をすることを前提に考えてきました。もっとも現実には、うつ病などについて労災認定されるケースはまだ少ないです。むしろ多いのは、「会社のせいでうつ病になった。慰謝料を支払え」と主張しつつ、労災申請をしないケースです。過去には、「お前のところでうつ病になった。労基署に言うぞ」と声を荒げて経営者に慰謝料を要求してきた者もいました。

こういう場合には、本人としても労災認定されない可能性を認識しているのかもしれません。安易に労災申請をして非該当となると、会社への請求がいっそう難しくなるため、あえて曖昧な状態で要求してくるのでしょう。いわば法的責任ではなく道義的責任に基づいて慰謝料を要求するようなものです。会社は、「現状で損害賠償請求に応じることはできません。まず労災申請を先行してください」と回答することになります。

（4）損害賠償を行う場合

それではうつ病を理由とする損害賠償に話を進めましょう。うつ病について労災認定されると、社員は会社に過失があるとして、損害賠償を請求することがあります。この場合には、会社の責任が肯定される可能性が高いでしょう。仮に労災が認定されない場合ですら、「承服できない」として社員が会社に対して損害賠償

を請求するときもあります。

　うつ病の場合には、慰謝料請求がメインとなります。うつ病によって将来の勤務が困難といえる場合には、逸失利益が請求されることもあります。会社の責任が認められる事案では、交渉あるいは裁判を通じて損害額を確定したうえで支払うことになります。

　もっとも、うつ病の場合などは、同じ職場で勤務する限り再発する可能性もあります。中小企業の場合には、いかに「本人に配慮した仕事を」といえども対応できる範囲に限界があります。社員が自ら「この職場での継続勤務は難しい」と判断することもあります。そのため、退職金を相当加算したうえで退職という解決策を検討することもあります。

私病としてのうつ病

　これまでは、うつ病を労災と紐づけて検討してきました。ですが、実際には労災と関係なく、私病として診断書が提示されることが圧倒的に多いです。ここからは、私病としてのうつ病を前提に概観していきましょう。

（1）私病での慰謝料請求

　本人からうつ病の診断書が出され、休職の申出がなされたときに、これについて「急に休まれても困る」という経営者はさすがにいないでしょう。普通は「しっかり体調を整えて」ということから始まります。同時に、先生方と相談しながら傷病手当金の手続きを進めていくことになります。

社員のなかには、傷病手当金の手続きをしながら同時並行的に会社の責任を追及してくる方もいます。「上司のパワハラでうつ病になった」と主張して慰謝料を請求してくる場合などです。労災申請を打診しても応じることなく、「自分は被害者だ。会社は求めに応じるべきだ」という自説に固執してしまい、議論が平行線のままということになります。こういった場合には、労使双方の信頼関係を維持することが困難であるため、解決策として退職勧奨を実施することもあります。

（2）休職は長期間になることも

　一般的な治療に伴う休職の場合には、およその復職の時期について目処が立ちます。ですがうつ病の場合には、こういった復職の時期が不明瞭です。治療に相当の時間を要し、かつ再発の可能性もあるからです。これは病気の特徴であって、本人の責任ではありません。本人がしっかり治療を受けたいというのは当然の希望ですし、会社としてもできるだけの支援をするべきでしょう。

　もっとも休職が長期間にわたる場合には、会社も対応に苦慮することになります。経営者からは、「休職を要するのはわかる。でも小さな会社でいつまでも休職されると社会保険料などの負担が大きい。他の社員のモチベーションにも影響してしまう」という相談をよく受けます。先生方も、表現は違っても似たような相談を受けることはおそらくあるでしょう。この問題の難しさは、双方の言い分に合理性があるということです。**治療を要する社員の暮らしを守ることも重要ですが、結果として事業が破綻すれば経営者の責任ということになります。このバランスの取り方に実務の難しさがあります。**「社員を守る」という正論だけでは現実の課題を解決できない場合もあるということです。

（3）復職までのステップは事前に説明する

うつ病に伴う休職でトラブルが発生してしまう原因のひとつには、会社として曖昧な姿勢で臨んでしまうことも指摘できます。「このままではよくない。でも、会社の方針を伝えてかえって症状が悪くなっても」と考え始めると、「とりあえず様子を見ておこう」ということになってしまいがちです。これではいつまでも問題の解決になりません。本人にしても「このまま治療を受け続けることができる」と考えて当然でしょう。それがいきなり「会社としてもう雇用を維持するのが難しい」と言われたら、納得できるはずがないです。養うべき家族がいればなおさらでしょう。

うつ病の治療を受ける方にとって不安なのは、「今後はどうなるのか」ということです。ですから会社としても、うつ病における復職までのステップについてルールを決めて、事前に説明をしておくべきです。これだけでも回避できたトラブルはいくつもあります。せっかくの労使の信頼関係が説明不足で崩れてしまうのは、あまりにもつらいことです。だからこそ、事前ルールとしての就業規則の規定が重要となってきます。

 就業規則運用のポイント

先生方は、メンタルヘルス不調に対応した就業規則の見直しをすでに実施しているでしょう。例えば休職期間の通算規定や自然退職規定の策定といったものです。他にも復職に向けたリカバリープロセスの整備などがあります。見直しが未了であれば、直ちに取り組むべきです。**社員がうつ病になった後に修正しても意**

味がありません。これらの詳細については他の専門書で確認してください。ここでは、こうした規定がある就業規則を前提に、実際の運用についてポイントを整理しておきます。

（1）休職に入るときに説明する事項

　まず本人の誤解を招くことがないように、休職に入る時点で制度概要を整理して、書面【参考書式3】で提示をします。説明を受けた旨の確認書面をもらっておけば、なおいいです。もっとも説明をしようにも、出社に応じてもらえないときもあります。そういう場合には、通知したことが記録で残るように配達証明付郵便などで説明文書を送付しておきます。事前に「およそこうなる」ということを告げておくことは、労使双方の認識の齟齬を防止するうえで必要です。**少なくとも次の内容については伝えておきましょう。**

---

　① 休職期間の上限
　② 休職期間中の定期報告
　③ 自然退職の可能性
　④ 復職の判断は会社（主治医の判断に拘束されない）
　⑤ 休職期間中の本人負担の社会保険料の支払方法

　私は、最初の時点で自然退職の可能性についても伝えておくべきと考えています。「これから治療を受けるのに、ストレスにならないか」と危惧されることもあります。しかしながら、「もうすぐ復職できなかったら退職とします」といきなり伝えることこそ問題を引き起こす可能性が高いでしょう。実際のところ、休職期間満了が近づいてくると「どの時点で自然退職について告げる

【参考書式３】休職に関する確認書（例）

令和〇年〇月〇日

△△△△　殿

株式会社〇〇
代表取締役　〇〇〇〇

休職に関する確認事項について

　本書面は、貴殿が安心して療養できるよう休職に関する注意事項などを事前にお伝えするものです。詳細については就業規則にてご確認ください。ご不明な点があれば改めて当社までご相談ください。

● 休職期間は、令和〇年〇月〇日までとなっております。同日までに復職困難の場合には退職ということになります。やむを得ない場合には個別相談にも応じますので、事前にご相談ください。

● 前項の復職可否の判断はあくまで当社で実施するものです。貴殿のご希望や担当医の方のご意見のみによって判断されるものではありません。この点は誤解を招きやすい部分であるため、あらかじめお伝えしておきます。

● 休職期間中にも状況について確認させていただくことがあります。会社からの連絡には対応できるようにしてください。

● 休職期間中でも社会保険料の負担が発生します。貴殿のご負担部分の支払方法について、事前に当社までお伝えください。

以上

べきか」と経営者が悩むことも少なくありません。直前になるほどに言いにくくなるものです。ですから私としては、早い段階で自然退職についても触れておくべきと判断しています。

（2）復職の判断は会社が行うことを明示

　復職の判断は、主治医ではなく会社が行うことは明示してください。ここは最も労使双方の認識の相違が生じやすい部分です。おそらく先生方は、復職の判断は会社が行うことを前提にした就業規則を策定しているでしょう。それ自体は正しいのですが、社員がこれを熟知しているとは限りません。むしろ本人としては、「主治医が軽微な仕事であれば復職可能と言っている。復職を認めないのは不当だ」と考えることになります。主治医の見解こそ尊重されるべき、という発想が根底にあるのです。ですから早期の段階で、治療における医師の判断と労働契約における復職の判断は異なるものであることを明確にしておくべきです。そのなかでは、主治医の見解に拘束されないことにも触れておきます。

　復職に関しては、「軽微な仕事であれば可能」という診断書がしばしば提出されます。この「軽微な仕事」というのは、経営者を悩ます言葉です。何をもって軽微な仕事とするのか、一義的にはわかりません。中小企業の場合には、具体的な職務を限定して採用をすることはあまりありません。ですから復職の際にも、軽微な仕事ができるというのであれば、軽微な仕事を手配せざるを得ませんが、内容が曖昧であるため経営者も「何を担当してもらえれば」と悩んでしまいます。

　しかも、軽微と思しき仕事を提供しても、しばらくしてうつ病を再発してしまい、また休職ということも珍しくありません。このようなことが続けば、経営者にも「自然退職規定を回避するた

めに一時的に復職しただけではないのか」という疑念が生まれてしまいます。もちろん本人としては病状が悪化したのかもしれませんが、それは誰にもわからないところです。だからこそ復職の判断は慎重になすべきです。

（3）復職と休職を繰り返す社員

　経営者からは、「自然退職規定を回避するために復職と休職を繰り返す社員がいる。どうするべきか」と相談を受けることがあります。**裁判所に「自然退職規定を潜脱するための復職だった」と認めてもらうのは、相当ハードルが高いです。**たんに復職と休職を繰り返すというだけでは、「そういう疾病だから仕方ない」ということになるはずです。こういう場合には、経営者と協議をして相当の退職金を支払うことを前提に退職勧奨をすることもあります。

 ## 産業医との連携

　復職を判断するため、会社側の担当者と主治医との面談を就業規則に定めている企業も多いです。ですが、実際に面談をするケースは限られています。面談をして大変参考になった、という事案を目にしたこともありません。何を質問すればいいのかわからず、本人の病状などについて説明を受けただけということになりがちです。会社に医学的知見がないために議論にならないというのが現実です。これは士業にしても然りです。主治医から「医師としては復職ができると考えます。会社として認めないのは不当でしょ」と言われたら、立場上反論できません。

そこでポイントになるのが産業医の見解です。産業医のいる中小企業は、まだ多くありません。**個人的には、これからの職場環境を考慮すれば、ぜひ連携するべきと考えています。**

もっとも「誰に産業医になってもらうか」は重要です。例えば開業医兼産業医の場合には、医学的知見は十分でも、労務についての知見が十分ではないという話を聞くこともあります。また産業医に意見を求めても「（社員を）担当されている主治医は同じ大学の先輩で。なかなか反論しづらい」という事実上の問題にぶつかるときもあります。ですから、産業医として「労働」という観点から意見を述べてくれる方を確保しておくべきです。

最近では、臨床から離れて産業医として専門的に業務をしている方にお会いすることもあります。こういった方々は、フラットな立場から主治医に対して然るべき質問や反論をしてくれます。産業医の意見があれば、会社が社員の復職を考えるうえで参考になります。**先生方が信頼できる産業医の方とコネクションを持ち、必要に応じて顧問先に提供できれば、会社にとって力強い支援となるでしょう。**

士業のスキルのひとつには、「必要な人材を紹介できる」というものがあります。つながりは、自分で求めて動かなければ作り出せません。事務所で座っているだけではいけません。**ぜひ事務所を出て「人との出会い」を大事にしてください。それがいつか自分の財産になります。**

第3章

離　職
将来のため「終わり」にこだわる

I 失敗しない 退職勧奨の進め方

退職をめぐる経営者の誤解

　日本の雇用慣行のひとつとされてきた終身雇用制度は、もはや過去の話となりつつあります。圧倒的な売手市場を背景に、転職も極めて容易になっています。「この会社は自分の求めるものと違う」となれば、簡単に退職されてしまいます。しかも、退職されて人手不足に悩んでいたら、退職した本人から慰謝料請求や残業代請求を受けることもしばしば…。労働事件は、退職した社員が相手方になることが珍しくありません。会社との関係が解消されるため、配慮が不要になるからです。このとき、労働契約の終了について揉めることがあります。**労働事件を防止するためには、確実に労働契約を解消させることが必要です。**離職時にトラブルになりやすい事項を整理していきましょう。

　まずは問題社員への退職勧奨からです。問題社員に対しては、指導によって育成していくのが本来のあるべき姿です。先生方は、すでに問題社員への指導方法についても学んでいることでしょう。ですが、現実にはいくら指導しても具体的な改善に至らない

ときもあります。人は、簡単には変わることができないため、ある意味では仕方のないことです。このような状況を維持するのは、労使双方にとっていいことではありません。そのため、苦渋の決断として労働契約の解消という判断に至ることも当然あります。**労働事件を避けるために、「解雇も退職勧奨も危険です」とアドバイスするだけでは、たとえ正しくても経営者の心には響きません。**経営者は正しいアドバイスだけを求めているわけではないからです。

　顧問先から「問題社員を辞めさせたい」と相談を受ければ「解雇はダメです。退職勧奨から進めてください」というアドバイスをするでしょう。解雇が有効になるような場合は、現実的に滅多にありません。これに対して退職勧奨は、実施したからといって直ちに違法というものではないです。退職勧奨から始めることは、手順として穏当なものです。

　ただし、先生方のアドバイスが確実に経営者に伝わっているとは限りません。離職時の手続きとして首をかしげたくなるケースに出会うことも少なくありません。一部の経営者は、「解雇という言葉を口にしなければ大丈夫」というように曲解してしまいます。解雇という言葉を出さなくても不当解雇で争われることは、もちろんあります。**圧倒的多数の経営者において、離職についての法的理解があまりにも不足しています。**離職は経営者にとって何ら前向きな話ではないため、興味も持ちにくいのでしょう。ですから、解雇と退職の違いすら曖昧です。たいてい「退職は社員から、解雇は会社から」という、ざっくりしたとらえ方をしています。会社都合退職を解雇と誤解しているケースもよくあります。そのため、先生方からアドバイスを受けても理解ができずに「解雇とさえ言わなければ、安全に辞めてもらえる」という誤った認

識に陥ってしまいます。**離職についてアドバイスをする際には、時間を確保して、退職勧奨と解雇の相違をきちんと伝えるようにしてください。**

それでは具体的な退職勧奨の進め方について述べていきます。

事前の準備は念入りに

退職勧奨の成否は、本人へ提案する前の準備によって決定されます。本人と面談して臨機応変に回答しながら妥協点を見いだしていく、というのは現実的ではありません。それができないからこそ誰しも苦労するわけです。弁護士にしても、事前に展開を予想してから交渉に臨むものです。当意即妙な対応は、一見すると見栄えするものの、仮説なく展開している点で危険な行為です。

事前準備の段階では、話の進め方および提示する退職金について経営者と協議をしておきます。ここで忘れてならないのは、「どの時点で退職勧奨を諦めるか」という撤退のラインです。ここを決めないまま退職勧奨に及ぶケースがあまりにも多いわけです。退職勧奨をしてスムーズに「わかりました」となればいいのですが、うまくいくとは限りません。むしろ反感を買ってしまうこともあり得ます。その際、執拗に退職を求めてしまうと違法行為との誹りを受ける可能性があります。しかも、先生方が巻き込まれて「社労士としての越権行為」と批判を浴びるリスクもあります。そこで、退職勧奨を諦めるラインを確定しておきます。そのうえで、拒否された場合に解雇まですのるかについて、経営者の意思を確認しておくべきです。必要に応じて弁護士の意見を確認しておくと、トラブルになることが少ないでしょう。

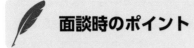

面談時のポイント

（1）社労士も同席する

　面談をするときは、可能であれば先生方も同席するべきです。前面に出てしまうと「弁護士法違反だ」という批判を受けることがありますから、あくまで経営者の相談先という立場であることに気をつけてください。先生方に同席してもらう目的は、交渉をうまくまとめることではありません。これでは弁護士法違反になりかねません。**同席の目的は、経営者の暴走を止めてもらうことです**。経営者に任せると、解雇なのか退職勧奨なのか曖昧なままで話を進めてしまいがちです。

【事例】　ある町工場では、経営者夫婦が問題社員に悩んでいました。できるだけの指導をしてきましたが効果はなく、他の社員とのトラブルが増えるばかりでした。やむを得ずに退職勧奨をすることになり、顧問の社労士から「解雇ではなく退職勧奨を」というアドバイスをもらいました。そして本人を呼び出して「もう会社として君を守ることができない。この会社には居場所がないと思ってもらっていい。これからのこともあるので、よく考えてほしい」と伝えました。すると社員からは、「解雇ということですか」と質問がされました。これに対して社長は、アドバイスを忠実に守って「解雇ではない」と答えました。それから押し問答が続きました。最終的には、社員が「わかりました。もういいです」と興奮した様子で現場から立ち去っていき、

翌日から出社しませんでした。経営者夫婦は、なんとか退職に応じてくれたものと安心していたところ、3日後になり弁護士から「不当解雇だ」という趣旨の内容証明が送付されてきました。結果として不当解雇を前提に、解雇を撤回して会社都合退職にしたうえで相当の解決金を支払うことで合意しました。

このように、**経営者としては退職勧奨のつもりでも、労働者から解雇だといわれることは珍しくありません。**これは経営者の理解不足と緊張による暴走が原因でしょう。退職勧奨という緊張する場面において冷静な対応を維持するのは、それほど簡単ではありません。売り言葉に買い言葉ではないですが、次第に感情的な言い争いになることもあります。だからこそ第三者的な立場にある先生方がサポートすることに意味があります。経営者の発言に続いて「これは解雇ではなく退職を提案するものです。退職に応じるかどうかを考えてもらいたいという趣旨です」とフォローすれば、問題を回避できたでしょう。

（2）書面をベースに口頭で補う

なおこの事案では、当時のやりとりが労働者によって秘密録音されていました。**このご時世では、いついかなる場所でも録音されている可能性がありますので、発言には注意してください。**

私はこういったトラブルを回避するために、**退職勧奨を書面によって実施することを推奨しています【参考書式4】。**書面で通知することで会社の提案内容を明確にできるだけでなく、事後的にも「解雇ではない」ことを明確にできるからです。書面で条件を提示しつつ、口頭で補充するイメージです。

【参考書式4】 退職勧奨の書面（例）

令和○年○月○日

△△△△　殿

○○株式会社
代表取締役　　○○○○

御連絡

　貴殿に対しては、下記の事項について指導を実施してきました。これについて貴殿としても努力をされたものの、当社の求める結果には至っておりません。このままの状況を維持するのは、貴殿にとってもご負担になることが懸念されます。

　当社は、貴殿の能力を活用していただける場所は他にこそあるものと判断しました。そこで貴殿の将来も考慮したうえで、本書面にて退職を提案させていただく次第です。当社としても熟考したうえでの提案とご理解ください。

　仮に当社からの提案に応じていただける場合には、退職金については加算のうえ○円（本来であれば○円）を提案させていただきます。
　なお本件は、あくまで退職勧奨であり解雇ではありません。退職のご判断は、貴殿の自由な意思に委ねられております。

　貴殿のご意見を令和○年○月○日までにお伝えください。ご対応のほどよろしくお願いします。

記

１　○○○○……
２　○○○○……

以上

（3）自尊心へのフォローを忘れずに

　口頭では、これまでの業務指導書（60ページ参照）を提示しながら、問題点と改善に至っていない事実を伝えます。退職勧奨に及んだ理由については、やはり伝えるべきでしょう。もっとも問題点だけ提示して退職を勧めるというのは、相手の自尊心を傷つけることになります。**退職勧奨における面談は、本人の指導を目的としたものではありません。あくまで退職の合意を取り付けるところにあります。これが通常の面談と異なるところです。**

　ですから、問題点の指摘は最小限にします。そのうえで対象社員の評価するべきところについて触れていきます。問題点はありつつも評価するべきところは評価している、という姿勢を示すことになります。人は、論理ではなく感情で動く動物です。一方的に問題点だけ指摘されても「わかりました。退職します」ということにはなりません。穏当に話を進めるには、「評価するべきところが多々あります。ただ、自社では能力を十分活かせる環境にないのも事実です。退職をして別の道を模索することが、あなたのためにもなると考えます。そのための支援は可能な限り対処したい」というスタンスで交渉に臨むべきでしょう。「現在の職場環境では能力をうまく活用できずもったいない」というスタンスであれば、相手の自尊心についてもフォローができます。

（4）退職のインセンティブを伝える

　このように伝えたうえで、退職の条件を提示します。具体的には、退職金の加算です。本人に円満に退職してもらうためには、退職のインセンティブが必要です。「せっかくの能力をうまく活用できる環境にない」と慰められても、生活の糧がなくなる不安

を払拭できるわけではありません。ですから**退職金の加算を検討することは必須です**。仮にパートなど退職金がない場合でも、円満解決のために支払うべきでしょう。

退職金の上乗せ分の検討

　経営者のなかには、退職金の上乗せを頑なに拒否する人もいます。「なぜ問題社員なのに上乗せが必要なのか。むしろこちらが迷惑料をもらいたいくらいだ」と興奮して話された方もいました。退職勧奨をするというときには、経営者としても複雑な感情を抱いているものです。ですから、退職金の上乗せに対して消極的姿勢を見せることもあり得ます。そういう場合には、これからも雇用し続けた場合の人件費の負担、あるいは不当解雇で争われたときのコストなどを具体的に説明して、納得してもらうようにしています。それでも拒否される場合には、依頼をお断りしています。

　退職金の加算について具体的な基準はありません。退職に応じてもらえる金額が妥当な金額ということになります。そうはいっても、本人に対して「いくらの退職金の加算を希望しますか」と質問するのもおかしな話です。本人にしても「そのようなことを急に言われてもわかりません」となるのが普通でしょう。あるいは著しく高額な金額を要求される可能性もあります。

　そこで、こちらから退職金の加算について具体的な金額を述べて、議論のたたき台を用意します。個人的には、３か月分の賃金を上乗せしたところから提案を始めていきます。**このように数字を最初に提示するのは、心理学でいうところのアンカリング効果があるからです。アンカリング効果とは、最初に提示された数字**

が交渉の基礎になるという現象のことです。いったん３か月分という数字が提示されると、「５年分で」とは言いにくくなってしまうものです。ですから、最初に数字を提示することには意味があります。逆に最初に社員から数字が提示されてしまうと、その数字が基準になり、減額交渉が難しくなるので要注意です。

　退職金の加算は、当事者双方の交渉の対象になります。いったんこちらから提示した数字に対して、相手が「それでは応じられない」という回答をしてくることは当然あることです。そのときには、逆に相手に数字を出してもらうようにします。「どのくらいの退職金であれば納得していただけますか」と尋ねるわけです。ここでは、相手に数字を出してもらうことがポイントです。**数字が提示されると、それが交渉の上限になります**。上限が決まれば、あとは減額交渉の余地しかありません。しかも、**数字を出したことで交渉の内容が「退職の有無」から「退職を前提にした退職金の額」へ変化していきます**。あとは会社として負担できる範囲で退職金の加算に応じることになります。個人的には、１年分の賃金相当額以下でまとまるのであれば、円満解決のために支払うべきと考えています。社員にも生活があるわけです。「ひたすら会社の負担が軽ければいい」というものでもありません。そういう姿勢は、自ずと相手にも伝わるものです。

 ## 意向確認から退職までのポイント

　会社の見解を伝えた後は、本人の意向を確認することになります。「弁護士などに相談する余地を与えるわけにはいかない」と即答を求める方もいますが感心しません。**裁判所としても労働契**

約の解消である退職の意思表示については、労働者の生活に与える影響力を考慮して極めて慎重な判断をします。仮に「わかりました」と回答したとしても、直ちに退職の合意があったと判断されるとは限りません。むしろ早急な回答を余儀なくされたとして、会社の対応を批判される可能性もあります。そのため、回答を検討する時間的猶予をきちんと確保するべきです。ただし、回答期限は設定するべきです。漫然と回答を待つだけでは、いつまでも結論が出ないということになりかねません。例えば「1週間以内に回答をしてほしい」などとします。何事も期限を設定しなければ前に進みません。

退職の条件が整えば、直ちに退職に関する合意書【参考書式5】を作成します。これは本人の意思を確定させるためです。このとき問題になるのが退職日です。**私は可能な限り、退職に応じる旨の回答があった日を退職日にしています。**「それでは引継ぎができない」と経営者から指摘されることがあります。ですが、会社の都合で退職を求めているのに引継ぎを求めるのも失礼な話です。退職が決まっているのに引継ぎを求めるのは、本人にとってストレスです。他の社員にしても対応に苦慮するはずです。引継ぎがなければ事業が回らないとすれば、そういった事業構造にした経営者を責めるべきです。なお、本人から「引継ぎをしなくていいのか」と問われることもあります。これについても基本的には引継ぎ不要と回答しています。

退職合意書を作成した後に、貸与物や健康保険証などを会社まで届けてもらうことになります。持参するのは他の社員と顔を合わせることになりつらいでしょうから、着払いで送ってもらってもいいでしょう。会社にある私物の残置物については、直ちに必要なものを持って帰ってもらいます。そのうえで、退職合意書の

【参考書式5】退職合意書（例）

退職合意書

　株式会社〇〇（以下「甲」と表記する）と△△△△（以下「乙」と表記する）は、甲と乙の間の労働契約の解消に関して本日をもって次の通り合意した。

１　乙は、本日をもって甲の都合により退職する。
２　甲は、乙に対して、退職金として金〇円の支払義務があることを認め、源泉徴収後の金額を乙の指定する口座に振り込む方法により支払う。
３　乙は、健康保険証の返還を含めた退職に伴う手続きに協力する。
４　乙は、甲のもとで知り得た情報について、退職後も自ら利用あるいは第三者に漏洩してはならない。
５　甲と乙は、本合意の内容および本合意に至る経緯について、特段の事由がない限り、第三者に口外してはならない。
６　乙は、本日をもって、甲の施設内にある私物の所有権をすべて放棄し、甲がこれを任意に処分することについて何らの異議を述べない。
７　甲と乙は、本件に関して、本書面に定める他に何らの債権債務がないことを相互に確認する。

　上記合意内容を明らかにするために本書面２通作成のうえ甲乙各１通保管する。

令和〇年〇月〇日

　甲

　乙

なかで残置物に関して所有権を放棄してもらいます。事後的に「あれが紛失した」と批判されることを防止するためです。

このような退職勧奨に関しては、「助成金に影響するのでなんとか自己都合退職にできないか」と無理な要求をしてくる経営者もいます。これは事実に反する行為であるため、応じるべきではありません。**そもそも経営者の姿勢として、助成金を退職勧奨よりも重視するというのは間違っています。**退職勧奨はひとりの人生に大きく影響するものです。経営者として取り組むのであれば、相応の覚悟をもってなすべきです。こういった経営者は、普段の経営から助成金に頼りすぎている傾向があります。私は助成金が悪いとは考えていません。利用できるものを利用するというのは経営判断として然るべきものです。**ですが助成金に頼りすぎると、「助成金ありきの経営」に陥ってしまう危険があります。これでは目的と手段が逆転しています。**こういった姿勢の経営者に関与していると、こちらまで風評被害を受けることになりかねません。関わらないことが何よりです。

 ## 退職に応じないとき

退職勧奨の結果として、退職に応じてくれないケースも当然あります。この場合には、繰り返し退職勧奨をするのは控えるべきです。少なくとも3か月程度は時間をあけてから提案するべきです。あるいは退職勧奨が難しいとなれば、解雇も検討していくことになります。解雇をする場合には、必ず弁護士に相談したうえで実施するべきです。

もっとも、相談する弁護士については注意を要します。弁護士

としては、「解雇は危険ですからやめてください。退職勧奨をするしかないです」と回答すれば間違いがないからです。間違いはないですが、いつまでも問題の解決につながらないときもあります。弁護士に相談するときには、経営の実情も考慮したうえでの解決策を提示できる人なのかについて、見定める必要があります。

Ⅱ 不当解雇で復職を求められたときに

「絶対に争われない解雇」はない

　ここまで、退職勧奨について確認してきました。もっとも現実には、退職勧奨に応じてもらえない場合も当然あるわけです。経営者から「退職してくれない。解雇したい」と相談を受けると、解雇をなんとか引き留めることばかりに意識を向けてしまいがちです。たしかに解雇は危険であるものの、経営者の判断としてせざるを得ないという場面もあります。ここでは人事権に基づく解雇、いわゆる普通解雇における注意点について押さえていきましょう。

　先生方は、解雇の進め方について本やセミナーを通じて知識を得ているでしょう。業務指導をして、退職勧奨をして、就業規則における解雇事由を確認して、代替案を模索して…といった具合でしょうか。ただ、いかに知識を増やしても、絶対に争われない解雇というものはありません。いかに注意しても、争われるときには争われる。それが解雇というものです。社員にしてみれば、一方的に生活の糧を奪われるのですから、争われるのは、ある意

味で当然のことです。**ですから、「争われない解雇」を目指しても無理ということです。「争われたときに会社の被害を最小にするにはどうするべきか」**という視点で問題をとらえるべきでしょう。

　そこで本書では、「解雇はこのようにしましょう」という一般論についての説明はしません。その点については良書がいくらでもありますので、参考にしてください。本書では、より現実的に、解雇が不当解雇として争われた場合に会社としてなすべき対処法について述べていきます。

 ## 解雇の通知は書面で確実に

　解雇事案は、経営者が解雇を社員に告知するところから始まります。**解雇の通知は、誤解を招かないよう口頭ではなく書面で実施するべきです。**このとき、懲戒解雇ではなく普通解雇であることを明記してください。解雇の事案では、懲戒解雇なのか普通解雇なのか曖昧なときがあります。不当解雇が労働審判で争われた場合も「これは懲戒解雇ですか。普通解雇ですか」と質問されることがあります。経営者が回答に躓くと、なんとも心証が悪いわけです。よくわからないまま解雇をしてしまったということが露呈するからです。ですから、あらかじめ普通解雇であることを明記しておきましょう。

　書面には、解雇の根拠となった事実関係や就業規則の該当条項も記載します。この部分は、いったん記載すると追加的に「あの事実も解雇事由である」ということができないため注意をしてください。だからといって、解雇事由に少しでも関係しそうなもの

を網羅的に列挙しても意味がありません。解雇事由は多ければいいというものでもありません。解雇事由が増えるほどに、会社として問題視していた事項が曖昧になります。個人的には3つくらいに絞ったうえで作成することが多いです。とはいうものの「書かない」という選択にも、それなりに不安が残ります。「これを記載しなかったことで会社に不利にならないか」との疑念にとらわれると迷宮に陥ります。そういうときには、弁護士に客観的な意見を求めるべきでしょう。

 ## 解雇理由証明書の発行

　解雇を通知すると、数日後に本人名義で解雇理由証明書の発行を求められます。これは相談した弁護士から「解雇されたことの証拠を確保するためにもらってください」とアドバイスを受けたものと推察されます。弁護士名で発行を求めてこないのは、会社が警戒して「解雇をしていない。退職だ」と回答することを回避するためです。**解雇理由証明書の発行を拒否することはできません。発行することで「解雇した」という事実は固まります。**

　問題は、会社として解雇ではなく「退職勧奨に応じてくれただけ」という認識の場合です。このときには、退職であるため解雇理由証明書は発行できないと書面で回答することになります。すると社員は、「退職合意は無効であるから復職させよ」と請求内容を変更してきます。

　解雇理由証明書を発行した後は、社員の弁護士から不当解雇を理由に復職を求める内容証明郵便が送付されてきます。付随して残業代請求や慰謝料請求を受けることもあります。いずれにして

も、ここから本格的な交渉が始まることになります。会社は、有効な解雇であるとして争うことになります。社員の弁護士にしても「会社はおそらく復職を認めない。そこで労働審判を申し立て、解決策を模索しよう」と考えるでしょう。つまり労使双方が「争う」ということを前提に戦略を形成していくことになります。

あえて争わない選択もある

　もっとも紛争を解決するという観点からは、「あえて争わない」という選択もあります。会社が社員の要望に応じて復職を認めるということです。不当解雇の事案では、圧倒的に会社が不利です。たいてい相当の解決金を支払って退職してもらうことになります。経営者のなかには、「絶対に解決金を支払いたくない」という人もいます。そういう方は、解雇を撤回して復職を認めることがあります。いったん解雇した社員の復職を認めるわけですから、労使双方にとって相当な心理的負担になることが容易に想像されます。経営者と社員が「過去は水に流して。なんのわだかまりもなく」というのも、なかなか難しいものがあるでしょう。加えて復職した社員は、自信を強めて職場環境の問題点などをより細かく指摘するようになり、経営者とのトラブルが再燃する可能性もあります。ですから、**復職を認めるのは、相当の覚悟のうえでしかできません。**

　経営者が覚悟を決めて復職を認めると、長期間の紛争を想定した社員にとって青天の霹靂ということになります。特に、解決金を目的にして形式的に復職を争っている場合には、むしろ困った事態に陥ることになります。自ら復職を求めて、会社が復職を認

めるのですから、本人としても争いようがありません。本心がいかなるものであれ、復職せざるを得ません。現実には経営者への不信から、復職後しばらくして自分から退職していくこともあります。このように、あえて争わないという戦略もあることは、頭の片隅に入れておいてください。争うことだけがすべてではないということです。

解雇の有効を争う

　では、オーソドックスに「解雇は有効である」として争う場合について考えていきます。遅くとも社員の弁護士に回答する時点では、会社も弁護士をつけて対応をするべきです。さすがに相手が弁護士の場合に、会社が自ら対応するのは容易ではないです。

　不当解雇の場合には、労使双方の見解がまったく異なるために、会社が弁護士をつけたからといって交渉で円満に解決することは、あまり期待できません。退職を前提にした解決を交渉で提案すると、高額な解決金を提示されることが多いからです。経営者からは、「交渉で迅速に終えてほしい」とよく言われます。同時に経営者は、自分が問題社員と考えている相手に対して経済的負担を強いられることには、やはり承服できないものがあります。ですから「交渉で終えるには相当の金銭的負担を要します」と伝えると難色を示されてしまいます。**受任時には、解決のために相当の金銭的負担が生じることをきちんと説明して、了解を得ておくことが肝要です。**弁護士を紹介した先生方としては、「初めから弱気な発言をしなくても」と思われるかもしれません。しかし、何事も最初のインパクトは大事です。安易に「お任せください」

と言ってしまうと、うまくいかなかったとき、弁護士を紹介した社労士の先生まで批判の矢面に立たされます。

脱線しますが、弁護士の本音として、依頼者の過剰要求を抑えるためにもあえて裁判をすることがあります。例えば不当解雇の解決金として、非現実的な金額にこだわる社員もいるわけです。そのとき、社員の弁護士としても「それはさすがに」とやんわり説得を試みるでしょうが、依頼者が納得してくれるとは限りません。弁護士の立場からすると相手は依頼者であるため、あまり強くも言えないでしょう。そこで裁判所から妥当な解決金を提案してもらうことを意図して、労働審判を申し立てることもあります。第三者的立場にある裁判所からの提示額であれば、依頼者も説得しやすくなるわけです。

士業チームで解決を目指す

先生方からは、ときに会社の選任した弁護士とのコミュニケーションについて相談を受けることがあります。先生方が紹介した弁護士であれば、日頃から交流もあるでしょうから話しやすいでしょう。ですが、会社の顧問弁護士といったように、見知らぬ弁護士だと相談しにくいときもあります。「知らない弁護士の先生に質問するのも失礼ではないかと」と悩む方も現実にいます。酒席で「弁護士さんは、なんだかお高くて」と日頃の恨み節を言われたこともあります。「目の前にいる当方もいちおう弁護士ですが」と内心思いつつも、満面の笑みを浮かべて相槌を打っておりました。そう、大人ですから。

私は、労働事件について基本的に先生方とチームで解決してい

ます。ですから、コミュニケーションで苦労することはまずあり
ません。むしろ、こちらから積極的に情報を共有するようにして
います。ただ、すべての弁護士が同じようにチームで解決すると
いう意識を持っているわけではありません。むしろ「社労士は労
働事件の防止策。弁護士は労働事件の解決策」という意識が一般
的でしょう。社労士の業務と弁護士の業務は別個のものという意
識であるため、情報を共有するという発想にもならないわけです。
これは、双方の成長の機会を失わせています。予防策を知ってい
るからこそ効率的な解決策を見いだせますし、解決策を知ってい
るからこそ効果的な予防策を検討できます。各士業が単独で課題
に取り組むスタイルは、もはや変化の著しい時代に合っていませ
ん。**これからは、士業の垣根を越えたチームとしてのパフォーマ
ンスが求められます。本書を先生方に向けて執筆しているモチ
ベーションも、そこにあります。**先生方も物怖じせずに担当弁護
士に意見なりを求めるべきです。それを鬱陶しく思うような弁護
士であれば、「その程度の弁護士だった」と諦めるべきでしょう。
弁護士だからと気後れする必要なんてありません。

労働審判の期日には同行する

　交渉が決裂すると、社員から労働審判の申立てがなされます。
不当解雇の場合には、訴訟よりも短期間で結論の出る労働審判の
手続きをとるケースが圧倒的に多いです。解雇された労働者の
ニーズとしては、「形式的に復職を求めるものの、実際には金銭
的に早く解決して手を切りたい」というものも当然あるわけです。
社員としても生活があるため、いつまでも不安定な立場でいるわ

けにいきません。そういう場合には労働審判を採用することになります。弁護士としても、早く事件が終わるというのは魅力的です。ですから**労働審判という形式で争われた場合には、「会社としていくらまで負担できるか」について早々に検討することになります**。私の場合には、１年分の賃金相当額以内であれば妥結しましょうと事前に経営者と協議することが多いです。

こういった労働審判の期日には、できるだけ先生方も同行するべきです。弁護士としても、助成金への影響など気になるところを現場で質問できるのは大きなメリットです。経営者にとっても「継続してサポートしてくれている」という安心感につながります。**先生方としても労働審判の推移を確認しておけば、終了後の退職手続もスムーズに対処できます**。例えば、離職票の解雇から会社都合退職への修正などです。仮に疑問点があれば、労働審判のなかで社員に確認してもらうこともできます。労働審判終了後に、あらためて社員に何かを確認するのは難しいものがあります。

ときに「弁護士から労働審判について十分な説明もないまま手続きを依頼されて、対処に困った」と相談を受けることがあります。つまるところ、困るのは自分です。もちろん社労士という資格で期日に同席できるとは限りません。その場合は控え室で待機してもらうだけで十分です。仮に会社の弁護士から同行の提案がなかった場合には、「できれば同行させてもらえませんか」と先生方から提案するといいです。「それは困る」という弁護士は、おそらくいないでしょう。

スピード解決を目指す理由

　労働審判手続について、もう少し詳しく説明しましょう。私は、会社として主張するべきことを第1回で言い尽くすようにしています。**労働審判は、一発勝負の要素が強いので事前の準備ですべてが決まってしまいます。**私は、基本的に尺の長い仕事はしません。短期間に終わらせることを基本姿勢としています。なぜなら、経営にとって時間は代えがたい最大の資源だからです。いつまでも経営者が労働事件に引っ張られるのは、望ましいことではないでしょう。ですから、1回目で裁判所から解決案をもらうようにしています。裁判所には、「復職を前提にした解決には応じられない」ということを明確に伝えるようにしています。そのため提示される解決案は、解決金を前提にした退職というものです。労働審判には経営者も基本的に同行してもらっているので、その場で決断を求め、第1回で終わらせることも相当数あります。**時間をかければいい解決策に至るというものでもありません。**それこそ1,000万円近くの負担を「その場で」決断してもらったこともあります。

　こういったスピード解決について、「依頼者との信頼関係がすごいです」と評価していただけることがあります。こうした評価はありがたいですが、これは信頼関係という抽象的なものから導かれるわけではありません。**こういった解決ができるのは、受任の際に解決の方向性を依頼者と明確に共有しているからです。**私は、先生方から紹介を受けた際に、自分の方向性を明確に伝えています。「時間は最大の資源ですから、スピード解決を何より重視しています。そのために相当の費用を負担していただきます。

年収相当額の負担になるかもしれません。1円でも安い解決を目指すのであれば、他の弁護士が適任です」というものです。「最初から会社の金銭負担ありきなのか」と反発される方もいます。それでもここはきっちりお伝えしています。こういった方向性を共有しているからこそ、経営者も依頼時に覚悟してくださり、解決に向けた決定も早くなります。

いかなる士業も同じですが、目の前の売上のために無理に受任すると、たいてい身も心もボロボロになります。「断る」というのは、仕事のスタイルを考えるうえで必須です。とかく同業者の売上は気になるところです。ですが、気にしすぎて無理に受任すると、提供するサービスの品質にも影響します。それは顧客の信頼を失うことにもなります。つまるところ、死ぬ瞬間になるまで誰がうまく立ち回ったものかわからないものです。そんなことで悩む前に、目の前の顧客に対してきちんとしたサービスを提供することにこだわるべきでしょう。

 ## 合意内容決定のポイント

（1）課税リスクの検討

退職金としての意味を有する解決金を決定するうえでは、源泉所得税についても考慮する必要があります。合意内容として解決金200万円と決まれば、200万円の全額を相手の指定口座に振り込む必要があります。勝手に源泉徴収すると、「合意内容と異なる」とトラブルになります。労働者側は、源泉徴収をすることに難色を示して、なかなか合意できないときがあります。現実には、源

泉所得税の課税リスクを会社が負担することを前提に、解決金を決定することが多いです。こういった課税リスクについては、事前に顧問税理士と経営者に確認しておきます。

（2）口外禁止条項

　労働審判のなかで基本条件の合意ができれば、細かい取決めをしていくことになります。**私は、合意内容として口外禁止条項を入れるようにしています。**特定の社員に解決金を支払ったということを、やはり他の社員に知られるべきではないでしょう。口外禁止条項については、法的拘束力があるのかと質問されることがあります。実際には紳士協定程度の意味しかないと考えています。仮に拘束力があったとしても、口外したという事実を立証することは現実的には困難でしょう。また具体的な損害もわからないところです。そのため、口外禁止条項違反を理由に損害賠償請求するのは現実的に困難です。だからといって、無意味というものではありません。社員としても「裁判所で取り決めた」となれば、たいてい約束を守るものです。それに社員側の弁護士も、約束は守るように説得するのが通常です。

（3）解決金の支払方法

　合意内容のなかでは、解決金の支払期日や振込先口座も明記します。このとき、たいてい社員の弁護士の預かり口座を指定されます。弁護士は、いったん預かり口座に入金してもらって、報酬を控除した残額を本人に渡すことになります。これは弁護士報酬を確実に回収するためでもあります。

　逆に支払う側である会社にしても、支払方法に工夫を要します。私は、いったん会社から解決金を預かって、相手の指定口座に振

り込むようにしています。つまり、会社から直接相手方の口座に振り込まないということです。**直接振り込んでしまうと、経理担当者などが相手方に支払った金額などを認識してしまう可能性があるからです。**そこで、いったん私の預かり口座に入金してもらうことで、相手方への支払金額がわからないようにしています。ちょっとした配慮ですが、社内での噂話を防ぐうえでも大事なことです。

III 社員が自ら退職するときに

これまで、会社がイニシアチブをとって労働契約を解消させる退職勧奨・解雇について検討してきました。ここからは、社員から労働契約を解消させる自己都合退職について整理しておきます。「自分から退職するときに揉めることがあるのか」と疑問に思われるかもしれません。ですが、競業避止義務の解釈などで労使間のトラブルになることがあります。では、社員が辞表を持ってきたところから話を始めてみましょう。

退職の申出は突然に

退職の意思表示は、「社長、少しお話が」というように、ある日突然やってくるものです。経営者にとっては突然であっても、社員にとっては熟慮のうえの退職届です。**突然の退職は、組織におけるエース級あるいは期待の新人からなされるものです。優秀であるがゆえに、組織の将来性を冷静に見定めてしまいます。**「この経営者のもとでは将来性を感じられない。長居をして他の選択肢がなくなるのはつらい」と判断すれば、早々に転職ということ

になります。離職者が続く場合には、社員の個人的な問題ではなく組織の構造的な問題があります。その点をまず改善しない限り、問題の本質的な解決には至りません。

　人手不足の現状において、離職はときに企業の死活問題となります。増員するにしても応募がすぐにあるとは限りません。むしろ「いくら求人しても応募すら満足にない」という声をどこでも耳にします。しかも、採用した方を一人前に育成するには、相当の時間を要します。現場の社員にすれば、本来の業務に加えて育成の業務も加わるために、さらに忙しくなります。これがさらなる離職を引き起こす可能性すらあります。

退職の引き留めはするべきか

　そこで経営者は、退職希望者に対する引き留めを試みることになります。かつては「一度退職を口にした者は引き留めない」と話していた経営者が、人手不足という現実から方針転換して引き留めを試みるようになったという話もあります。それで思い直してくれたらいいのですが、なかなか経営者の思惑通りにはいきません。例えば「現在の年収では生活が」と相談を受ければ、「わかった。それなら年収を上げよう」で終わるような単純なものではないです。年収を上げて引き留めても、他の社員からすれば「なぜあの人だけ」ということにもなってしまいます。**労働条件を変更するときには、「その人」だけの問題で終わらないということです。横のつながりが強い中小企業だからこそ、周囲とのバランスもよく考える必要があります。**また、退職の理由が「残業が多すぎる」といった労働環境に関する場合には、直ちに改善できるとは限り

ません。残業を廃止して納期が遅延するようなことがあれば、会社の信用を失わせます。残業を減らして手取りも減ったとなれば、社員からすれば「改善になっていない」という思いでしょう。

　仮に引き留めに成功しても、数年後に改めて退職を申し出てくるケースも少なくありません。**いったんモチベーションが崩れてしまうと、再構築するのは難しいものです。無理に引き留めると、かえって感情的な軋轢が生まれることもあります。**

　個人的には「引き留めることにこだわるべきではない」とアドバイスするようにしています。経営という観点からすれば、戦略的にいったん成長スピードを緩めるのも方法のひとつです。事業拡大時に労働事件が頻繁に発生することがあります。事業成長のスピードと人材育成のスピードが合っていないからです。事業を成長させ続けるためには、人材の確保と育成が必須です。長期的な成長のために、あえて成長速度を緩めて育成に時間をかけることも、経営戦略として検討するべきです。

 ## 退職動機の確認

　退職を受理する場合には、可能な範囲で退職の動機についても確認します。これは将来の離職を防止するうえで、最も貴重な情報です。長時間労働がきついのか、賃金に不満があるのか、あるいは職場の人間関係で苦しいのかなどがあるでしょう。経営者は、よりよい職場にしたいと切に願っています。そのための先生方の知見です。ただし、そこにあるのは経営者あるいは先生方のイメージする「よい職場」でしかありません。経営者のイメージするものが、社員にとって本当によい職場であるのか、わからないとこ

ろです。ですから、どこかで手に入れた組織論をひたすら導入しても、社員の幸せにつながるとは限りません。むしろ社員からすれば、「また新しもの好きの社長が、気分で…」ということになります。

　本気で職場改善を目指すなら、退職者の声は欠かせません。ときに耳に痛いものですが、それを丁寧に解決していくことが将来の離職率低下につながっていきます。**ただし退職の動機は、それほど簡単には明らかにしてくれません。**仮に会社に不満があっても、社員は飛ぶ鳥跡を濁さずで「スキルアップのため」「家族の事情で」「やりたいことが他に」といった曖昧な言葉で取り繕ってしまいます。退職者にすれば、離職するのにあえて会社に余計なことを言って揉めたくないわけです。どうすればうまく本音を引き出せるかについては、「これだ」という方法をまだ見いだせていません。この部分については先生方も考えてみてください。

 ## 競業避止義務を課すことができるか

　ベテランの営業担当者などから具体的な動機も明らかにされないまま退職届が提出されると、「もしかしてライバル会社への転職や独立をするのではないか」という疑念が経営者に生じてしまいます。そこで先生方は、「どうも退職が怪しい。勝手に同じ仕事をすることをやめさせたい」と相談を受けることになります。理論としては、社員の競業避止義務と呼ばれるものです。先生方は、「わかりました」と答えつつも、内心では「それは難しいだろ。どうやって社長を説得すれば」と悩むことになります。

　先生方の就業規則では、おそらく退職後も競業避止義務を負担

する旨の記載がなされているでしょう。入社時には、同趣旨の確認書にサインをもらっているかもしれません。それ自体は、本人の自覚を促すうえでも有効なことです。**ただし就業規則に記載があるからといって、直ちに退職後も競業避止義務が無条件に及ぶというものでもないです。**ご存じのように競業避止義務は、社員の職業選択の自由を著しく制約するものであるため、判例においても認められる条件はかなり厳しく定められています。判例の解説は割愛しますが、社員の立場、地域あるいは期間も制限することなく「同種の仕事をできない」という縛りは、まず認められることはないでしょう。これは本人のスキルを全否定することと同じだからです。

　仮に一定の制限を設定しても、退職金とは別に職業を制限することについての経済的補償を要することもあります。経営者に説明して、「なぜ経済的な補償といった代償措置まで要するのか。こちらは被害者だ」と反発されたこともあります。こういった経営者の反発の背景には、従来の徒弟制的な労働観があります。「**自分は社員を育てた**」という意識があるがゆえに、**独立や転職が社員による不義理のように映ってしまいます。**逆をいえば、社員が明確に「自分で独立して挑戦してみたい」と伝えると、意外と経営者も了承します。要は、黙って話を進められるのが納得できないのでしょう。個人的には、中小企業における競業避止義務が実効性を有するのは、限られた場面しかないと割り切っています。つまり、いくら就業規則で定めていても、争われたら会社が不利ということです。

　もっとも、具体的効果が期待できないからといって、競業避止義務を定めた規定が無意味ということではありません。事実上の牽制という効果はもちろんあります。ですから、退職時に就業規

則の規定を提示して、競業避止義務を確認した旨の誓約書などに署名を求めることはあって然るべきです。署名を求めること自体が違法というものでもありません。誓約書では、競業避止義務を無尽蔵に定めるのではなく、せめて職種、地域および期間を制限したものにするべきです。そうしなければ社員から「いっさい仕事ができないのか」と反発されて、署名を拒否されるでしょう。

　社員のなかには、いかなる誓約書への署名も拒否する人もいます。事前に社員が弁護士に相談していれば、「署名に応じる必要などない」とアドバイスを受けているはずです。経営者からは、「ライバル会社に勤務することが決まっているからこそ拒否するのだ。絶対に署名させる」と息巻く方もいます。ですが、無理に署名させたところで意味はありません。署名させても任意性がないとして効力が否定されるでしょう。拒否されたら深追いせずに諦めるべきです。せめて就業規則に定める競業避止義務の内容を、書面で通知しておくことにとどめておくべきでしょう。

競業避止義務違反での損害賠償請求は可能か

　競業避止義務違反などを理由として、退職した社員あるいは就職したライバル企業に対して損害賠償を請求したいと相談してくる人もたまにいます。ですが、請求してもなかなか認められるものではありません。そもそも競業避止義務の有効性が怪しいところです。競業避止義務を負わせるからといって、社員への経済的な代償措置を行っているケースなど滅多にないでしょう。

　しかも仮に競業避止義務が有効だとしても、損害の内容が不明瞭です。「社員が退職したことで売上が下がった。これが損害だ」

というのは、あまりにも暴論です。たんに企業努力が足りなかったという評価で終わりかねません。よくあるのが「社員が得意先を奪った。これが損害だ」というものです。**得意先を奪ったのが事実だとしても、社員と取引先の信頼関係は、会社の有する資産といったものではありません。ですから、退職後も取引先と付き合うことをもって「違法な行為だ」ともいえません。**取引先にしても、特段の事情がない限り、相手を選択する自由があります。「この担当者がいいから」と取引先を変更することも、商売では当然認められることです。ですから、取引先が社員の退職を契機に他の企業との取引を開始したからといって、直ちに損害ということにはなりません。もちろん担当者が事実に反する内容を得意先に伝えたり、担当者が自社の顧客名簿を無断で持ち出したといった付加的事情があれば話は別です。

仮に競業避止義務違反を理由にした逸失利益について、算定することができたとしましょう。このとき問題になるのは、損害の生じたとされる期間です。裁判所は、競業避止義務違反の影響が及ぶ期間を6か月以内で認定する印象があります。つまり、いくら請求したとしても、損害として認定されるのは、たいてい6か月以内という限られた期間における損害ということになります。

このように、競業避止義務を盾に自社を守るというのは相当難しいわけです。この認識がすべての前提になります。そのうえで他の手立てを考えることが、先生方の腕の見せ所です。**私は、本人が独立したいというのであれば、会社として積極的に支援するのも解決策のひとつであると、経営者にアドバイスしています。**人手不足のなかで外注先をひとつでも確保しておくことは、有効な手立てです。外注にすれば、固定費であった人件費を変動費に変えることができます。独立する側にしても、最初から仕事があ

るというのは大きなメリットです。しかも「独立を支えてくれた」ということに、恩も感じてくれるでしょう。

　外注先として契約をする際に、自社と契約期間中は同業他社と契約しないという取決めをするのもひとつです。これはあくまで外注における契約内容ですから、労働者の競業避止義務の問題にはなりません。**なんでも義務で縛ればうまくいく、というわけではありません。争わず双方にとってメリットがある方法こそ理想です。**

不正競争防止法違反とは

　最後に、不正競争防止法について少し触れておきます。先生方から「退職した社員に関して、不正競争防止法に基づく損害賠償という話を耳にしたことがあります。競業避止義務のことですか」と質問されることがあります。たしかに似ているのですが、両者は違うものです。

　不正競争防止法は、適正な競争の実施を確保することを目的とした法律です。そのなかでは、企業が持つ秘密情報が不正に持ち出されるなどの被害にあった場合に、民事上・刑事上の措置ができるとされています。退職した社員が秘密情報を持ち出した場合には、その社員や勤務先に対して損害賠償ができる場合があります。ただし、会社の有している情報であればすべて対象になるわけではありません。そうならば、あらゆるものが損害賠償の対象になりかねません。ここで保護されるのは、不正競争防止法で秘密情報として定められたものに限られます。秘密情報とは、同法で定められる営業秘密として管理されたものです。営業秘密とな

るには、①秘密管理性、②有用性、③非公知性の３要件が必要とされています。

　特に問題になるのが秘密管理性です。情報が客観的に秘密として管理されていたかということです。例えば、データへのアクセス制限やマル秘表示がなされていたかが問われるでしょう。中小企業の場合には、社員であればパソコン内のデータに誰でもいつでもアクセス可能ということも珍しくありません。これでは情報が客観的に秘密として管理されていたとは、なかなか評価されないでしょう。

　実際に、中小企業の管理する情報で営業秘密として認定されるものは少ないと個人的には考えます。不正競争防止法違反で損害賠償を請求することも、一般的にイメージされているほど簡単ではありません。だからこそ社員の態度に不満があっても、ぐっとこらえて円満な関係を心掛けるべきです。

Ⅳ 退職した社員から残業代請求が

　本章の最後に、残業代請求について確認します。「なぜ離職の
ところで残業代請求を？」と違和感を覚えるかもしれません。**で
すが残業代請求は、在職の社員よりも退職した社員から請求され
ることが多いです。**在職しながら請求するというのは、心理的に
も厳しいものがあるのでしょう。日本では、長時間労働が社会問
題とされて、働き方改革など改善の施策がとられています。長時
間労働に対する社員の問題意識が高まるなかで、いっそう残業代
請求が増えるかもしれません。そこで残業代請求を受けた場合の
対処について確認しておきます。

就業規則変更での事件

　まずは、人件費の増大防止を目的とした、就業規則の不利益変
更からです。人件費のコントロールは、経営者にとって大きな課
題です。先生方は、就業規則に許可制あるいは変形労働時間制を
組み込むことで、不要な残業を防止して適切な人件費の実現を提
案していることでしょう。こういった就業規則の見直しは、社員

にとって不利益変更になり得るため注意を要します。先生方は、「就業規則に何を記載するか」について、いつも熱心です。就業規則の勉強会にしても、時代に合った規定の模索がメインとなります。**ですが就業規則は、内容と手続きのふたつがそろってこそ効力を有します。いくら内容にこだわっても変更手続に不備があれば、せっかくの変更が意味をなさないときもあります。**

　実務では、就業規則の内容よりも変更手続の不備が争点にされがちです。内容に踏み込む以前に、手続き的不備を理由に規定の変更が認められないというわけです。典型的には、労働者代表の選定過程や周知性についてです。「労働者代表なんてまったく選任されていない。社長の信頼の厚いベテラン社員が社長の依頼に応じただけ」「変更されたことについても説明をされたことがない。そもそも就業規則がどこにあるのかもわからない」といった主張がされるというわけです。

【事例】　スポットで就業規則の変更を引き受けた社労士がいました。直感的には「控えたい」と思いつつも、知り合いからの紹介でやむを得ずに引き受けたということです。

　この依頼者は性格的にきつく、報酬に対してもかなり渋っていたそうです。「なんだか嫌だな。早く手を切ろう」と考えて、就業規則の納品だけを請け負い、社員への説明などは会社で対応してもらうことにしました。作成するうえでも気を揉むことが続いたのですが、なんとか完成。早く手を切りたい一心で納品を済ませ、社員からもらう同意書のひな型まで提供して、いったん終わりとなりました。

　しばらくして労働事件が勃発。裁判では、周知性がなかったとして就業規則変更の効力が否定されてしまい、経営者

に不利な判断がされました。これに怒り心頭の経営者は、社労士のミスだといって批判してきたわけです。社労士は、「社員説明会までは引き受けていない」と説明したものの相手にされません。経営者は、「そんな話は聞いていない」の一点張りでした。まさに言われなき批判を受けたということです。

　ここから学んでいただきたいことは、**記憶は、自分にとって都合のいいように書き換えられるということ**です。経営者にしてみれば、「士業に任せておけば、なんら問題がない」と安易に考えています。そういう人に限って、報酬に対してはものすごく細かいのも不思議です。「社員説明会までは引き受けていません」といくら説明しても、納得してもらえません。まるでこちらのミスのように批判されてしまいます。とにかく自分の責任ということを認めたくないので、周囲を責めるようになるのかもしれません。**こういった事態にならないためには、就業規則の納品だけ引き受けることをできれば控えるべきです。引き受けるときには、社員説明会をはじめとした周知性の部分まできちんとフォローしておく**ことが予防になるでしょう。

　仮に就業規則の納品だけ引き受けるのであれば、契約書にも契約内容が就業規則の作成だけであり、社員への説明は自社で対応してもらうことを明記してください。**士業は、形なきサービスを提供するので、対応する範囲が不明確になりがちです。**だからこそ契約書で引き受ける範囲を明確にしておくことが求められます。契約書は、あくまで自分の身を守るものだということです。契約書の作成が杜撰な方が散見されるので、気をつけてください。

士業の直感には価値がある

　そもそも先の事例では、当初から「控えたい」という直感がありました。こういった先生方の直感は、何より大事にするべきものです。「この人はちょっと信頼できない」という感覚は、たいてい当たっているものです。そのため、やせ我慢してでも受任しないことです。無理に引き受けると、大きなストレスを抱えることになりかねません。

　セミナーでもよくお伝えするのですが、**直感こそ士業として最も価値のあるものだと考えています。**たんなる知識であれば、調べれば誰でも手に入れることができます。正解のない問題にひとつの回答を出すとき、最後に頼れるのは直感です。直感は、非論理的なものではありません。これまでの先生方の知識と経験が集約された一滴です。その一滴を生み出したプロセスが言語化されていないだけです。だからこそ、迷ったら自分の直感を大事にしてください。

制度運用のフォローをする

　それでは許可制や変形労働時間制といった、具体的な制度設計について考えていきます。こういった制度を導入すれば、理論的には残業代の増大を防止できるかもしれません。**もっとも導入だけで満足してしまい、適切に運用できていないケースがあまりにも多いです。**「変形労働時間制を導入して、きちんと運用できていますか」と尋ねると、たいていの先生が苦笑いされます。継続

運用の難しさは、導入した先生方が誰よりもわかっているもので
す。

　こういった運用の失敗によって、制度の効力が否定されること
は珍しくありません。例えば許可制などが典型的でしょう。導入
当初は、許可制のルールもきちんと守られています。ですが許可
制は、申請する側も許可する側も負担が増えるものです。許可制
としたためにさらに労働時間が増えてしまえば本末転倒です。
日々の業務に忙殺されて、許可制が次第になし崩しになっていく
ことも多く、気がつけば自由に残業を認めることになってしまい
ます。

　このような状況で残業代請求がなされると「許可をしていない
から労働時間にならない」と主張しても説得力がありません。む
しろ運用実態からして許可制とは認められないということになり
ます。**許可制などを導入する際には、その後の運用までフォロー
しておく必要があります。**

　もっとも、「そこまでフォローできないよ」というのも本音で
しょう。そういうときには、せめて運用に失敗すればリスクがあ
ることを経営者に書面で伝えておいてください。履歴が残れば
メールでも構いません。**「きちんとリスクも含めて説明をした」
という実績を記録で残しておくわけです。**

 ## 勤怠管理は客観性の高いシステムを使う

　では実際に社員から残業代請求を受けたときの流れについて確
認していきます。まずは社員の代理人から内容証明郵便にて、残
業代請求をする旨の通知がされます。このとき、タイムカードを

はじめとした資料の写しの提供も求められます。**内容証明郵便が使われるのは、残業代請求権が消滅時効で消えるのを防止するためです。**資料の開示については、未払いはないという立場でも応じるべきです。拒否をすれば訴訟を提起されて、結局のところ開示を求められることになります。開示しないことにあまり意味があることでもないですし、裁判所の心証を悪くするだけです。

　経営者からは、「タイムカードだと問題になる。それなら自己申告制に変える」という相談を受けることもあります。さすがに無茶な言い分です。そもそも自己申告制が許容されるのは、あくまで例外的な場面です。タイムカードで管理していたものをあえて自己申告制に変えることは、裁判所にとって不自然な変更と映るでしょう。「タイムカードでは、従来の会社の慣行を反映できないから」というのは、変更の理由になりません。そもそもタイムカードでの管理ができないような会社の慣行こそ改めるべきものです。

　これからの時代は、クラウドによる勤怠管理といった、より客観性の高いシステムに移行していくべきです。クラウドによる勤怠管理については「まだ成熟していない」と否定的な見解の方もいます。たしかに実際に導入しようとすると、思うようにいかないときもあるようです。**ですが、「できない理由」を掲げて時代の流れに逆らうわけにはいきません。否定するのではなく、「どうすればうまく活用できるか」という共存の姿勢を示すべきです。**「これで自分の作業が減るならラッキー」というくらいの軽い気持ちで取り組むべきでしょう。何事も否定からは新たなアイデアが生まれてきません。

　クラウドサービスを導入する際にうまくいかないのは、導入先が従前の労務管理の方法に固執してしまうからです。本来であれ

ば、サービスに合わせて自社の管理方法を見直すべきですが、現実には自社の従来の管理方法にサービスを合わせようとしてしまいます。結果として「このサービスだとうまくいかない」ということになります。これではいつまで経っても業務改善はできません。あるいは、デジタル化するうえでも自社オリジナルのシステムを構築せざるを得なくなり、多額のコストがかかります。クラウド化を契機に自社の管理方法を見直すことが先決です。そのためのアドバイスを先生方が提供するべきでしょう。いわばサービスと実態をチューニングする役目です。

 ## 請求を受けたときのポイント

（1）残業代計算には「きょうとソフト」

　では、具体的な請求について話を進めていきます。会社が資料を提供すると、社員側にて未払残業代を計算することになります。このときの計算ソフトには、いわゆる「きょうとソフト」と呼ばれるものが利用されることが多いです。これは京都地方裁判所と京都弁護士会の方々により製作、公表された残業代計算ソフトです。**残業代請求事件に関して、労使間で利用される計算ソフトが違うと微妙に数字が異なってきます。**これでは論点の整理において混乱が生じます。そこで裁判所は、「きょうとソフト」を利用して計算することを推奨しています。根拠となる計算ソフトを合わせることで、論点整理を効果的に実施するということです。

　社員から請求を受ければ、会社として反論を述べていくことになります。そして、妥協点を見いだせれば交渉において解決とい

うことになります。**会社としては、他の社員などへの波及効果を考慮して、相当の経済的負担を強いられても早期に交渉で解決することもあります。**それでも合意ができない場合には、訴訟ということになります。残業代請求では、争点が複雑であるため労働審判ではなく訴訟に持ち込まれることが多いです。もちろん労働審判でも検討はできるのですが、「ざっくり」した判断ということになります。

（2）主な争点

　訴訟における争点は多岐にわたりますが、やはり「どこまでを労働時間としてとらえるか」がメインになります。労使双方における認識の相違が如実に出るところです。基本的にはタイムカードに記載のある労働時間をベースに主張を展開していくことになります。

　裁判所は、始業前の労働について懐疑的という印象を受けます。ですから、始業前から勤務していたと主張する場合、社員側にて積極的に労働の実態を示す必要があります。タイムカードの打刻があっても、自発的に出社して仕事をしていたという抽象的な主張だけでは、なかなか勤務の必要性を認めてもらえません。

　これに対して、終業後の労働については、会社側が労働時間ではないことを積極的に説明していく必要があります。ここでよくあるのが、経営者による「残業の必要もなく雑談をしていただけ。何度も注意していたのに退社しなかった」という主張です。気持ちとしてはわかるのですが、経営者の言い分だけで事実が認定されることはないです。結局のところ「言った、言わない」の議論になれば、タイムカードベースで認定される可能性が高いです。**ですから、こうした場合は「注意していた」という実績が事後的**

にわかるようにしておくべきです。**例えば業務指導書やメールで注意喚起をしておきます。**それらを証拠として提出して「会社は何度も指摘しているのに改善されなかった」と反論していくことになります。

その他の論点としては、管理監督者性が問題になることもあります。ですが、中小企業において管理監督者性が認められるケースは限られています。経営者のなかには、「肩書としての管理職≒管理監督者」という誤った認識を持っている方が少なからずいます。こういった経営者の思惑は、裁判で否定されます。**そもそもオーナー企業では、社長が人事権を含めたすべての実権を握っています。**例えば、いくら現場の担当者が採用面接をしたとしても、最終的な判断は社長が行うものです。このような構造であるため、管理監督者性が認められることは、現実的にあまりないでしょう。

 早期の和解を目指す

こういった争点について主張・立証を経たうえで、裁判所から和解案が提示されることになります。ケースによって異なりますが、だいたい訴訟が始まってから8か月〜12か月後くらいに出されます。個人的には、裁判所からの和解案にはできるだけ応じるようにしています。もちろん和解ですから、労使双方が応じなければ成立にはなりません。仮に会社が和解に応じると言っても、社員が拒否すれば判決へと移行していきます。

経営者からは、「先行して和解に応じると回答するのは、自分の非を認めるようで受け入れられない。社員が和解に応じるので

あれば、会社としても和解に応じる方向で考える」という意見が出ることがあります。社員の腹積もりを見てから対応を考えるということです。これは戦略として得策とは限りません。社員も「会社が和解に応じるなら」と経営者の出方を見るでしょう。これでは両者意地の張り合いのようになって、いつまでも和解できません。それは双方にとって不毛なことです。**会社が先行して「和解に応じる」という姿勢を見せると、社員も「それならば」と和解に応じやすくなります。私は、会社から和解に応じる旨を開示することが多いです。**大事なのは意地を突き通すことではなく、早く解決することです。

　私が和解にこだわるのは、早期解決のみならず、柔軟な解決を模索できるからです。和解の場合には、口外禁止条項を入れる余地があります。判決になると金額だけが決まってしまいます。判決の内容も公開されてしまうので、これを社員が自由に第三者に伝えても通常問題になりません。しかも、判決だと自社の労務管理の問題が明確になります。判決内容を認識した他の社員から残業代を請求された場合も、同様の判断がなされるリスクが高くなってしまいます。最近では、裁判の経過をSNSなどで公開しているケースも目にします。和解であれば、SNSの記事を削除することを合意することも交渉次第で可能です。

 ## 問題点の修正を提案する

　残業代請求事件は、金額が決まって、これを支払えばすべて終了というものではありません。未払残業代が発生する構造的問題が会社には残っています。そこを改善しなければ、同じ事件がま

た生じてしまいます。**事件直後こそ、経営者が最も熱心に先生方の意見を聞く時期です。**鉄は熱いうちに打てといいますから、事件後に事案を振り返りながら問題点の修正に取り組んでください。

　このとき、就業規則をはじめとした労務管理の方法だけ見ていても「木を見て森を見ず」ということになりかねません。業務量を維持しつつ労働時間を減らすというのは、社員に無理を強いることになり、離職へとつながります。**現実的に必要なことは、何より業務量を減らすことです。不要な作業を廃止すると表現すれば、わかりやすいでしょう。**自分の顔を直視することができないように、経営者は自社の無駄になかなか気づけないものです。たとえ気がついていても、手を出すことは億劫です。人は、それなりにうまくまわっているときほど変化を嫌います。**だからこそ先生方が、第三者的立場で業務の必要性にまで踏み込んでアドバイスできれば、**経営者も「長時間労働を排して社員満足度を高める」**と覚悟を決めて動き出すはずです。**「それは社労士の範疇ではない」という反論もあるかもしれません。ですが、経営者にとっては会社がよくなればいいのであって、資格の有無にさしたる興味はありません。「社労士だから」ということで自らの限界を確定するのは、あまりにももったいないことです。会社のために何ができるか、自らの可能性を広げてみてください。

終　章

自分を犠牲に
しないために

I 経営者との
トラブル対処法

　本書もいよいよ最終章となりました。これまで概観してきた労働事件は、いずれも労働者と使用者の対立という構造になっています。先生方は、対立関係に第三者的立場から関わることになります。つまり紛争の当事者ではありません。

　しかし実際の業務のなかでは、先生方が紛争の当事者として巻き込まれてしまうときがあります。それは、依頼者である経営者とのトラブルです。経営者とのトラブルへの対処法は、我が身を守るために必要なことであるにもかかわらず、体系的に学ぶ機会がありません。そのため私の事務所には、先生方からの相談が持ち込まれます。自分が当事者であるために、周囲には相談しにくいのでしょう。たいてい悩み抜いてから「少し話を聞いてくれませんか」ということになります。そこで、労働事件ではないものの付随する問題として、経営者とのトラブルについて確認しておきます。

声の大きな顧客に翻弄されない

　先生方から寄せられる悩みには、さまざまなものがあります。「給与計算の資料をぎりぎりまで送ってくれない。それなのに苦情を言われる」「あらゆるものを顧問料のなかで片付けられてしまう」など枚挙に暇がないです。真面目な先生は「おかしいだろ」と思いつつも、顧客とのトラブルを避けるべく耐え忍ぶことになります。それは立派なことですが、自分の人生を犠牲にしています。より正確にいえば、最も重要な自分の時間という資源を無料で提供しているようなものです。**士業はビジネスであって、ボランティア活動ではありません。**自己犠牲的な姿勢では、長期的なパフォーマンスを実現させることなどできるはずがないです。

　私は、自分を犠牲にしている先生に対して「それだと然るべき報酬を支払っている他の顧客を裏切ることになりませんか」とはっきり伝えるようにしています。ここまでクリアに指摘されると、言われる側としては相当きついはずです。真実というのは、たいてい痛みを伴うものです。私たちは、とかく声の大きな人に翻弄されて時間を費やしてしまいます。相対的に、優良な顧客に割く時間を減らすことになります。時間は有限です。どこかに充てれば、どこかが減ってしまいます。不当な要求をする人に心乱されながら尽くして、穏やかな人をひたすら待たせてしまう。それは先生方が求める仕事のスタイルではないでしょう。少なくとも本書を手に取って前向きにスキルアップしようとする方は、「それは違う」と断言するはずです。

　「きちんとした顧客と付き合う」というのは、士業としての矜持だと考えています。少なくとも私は、そういった先生方とだけ

お付き合いしたいものです。「とりあえず儲かればいい」という方など、まっぴらごめんです。**こうした姿勢は周囲からすれば痩せ我慢のようにも映るでしょうが、痩せ我慢こそ士業としての気高さだと考えています。**

合わない顧客との契約解除

　もっとも真面目に仕事をしていても、自分に合わない顧客に出会ってしまうものです。特に、売上などが気になるとき、誰かの紹介といったときには、少々不安があっても勢いで契約してしまいます。しばらくして不安が的中し、「なぜこんなことに」と自暴自棄になることすらあります。不安があっても止むに止まれず契約してしまうことは、ある意味では仕方ないことです。少なくとも契約をしたときには、「これでいい」と判断したわけですから、あまり自分を責めないことです。私は、「人にやさしく、自分に甘く」と言って、自分をいつも労っています。それが大人として正しい態度であるかは、先生方の判断にお任せします。**こういった「まずい人と関わってしまった」という後悔への対処法はただひとつ、契約を解除することです。**

（1）業務委託契約は原則いつでも契約解除できる

　先生方は、苦手な顧客であれば「相手から契約を解除してもらえないだろうか」と内心願っているでしょう。相手から切り出してもらったほうが気も楽です。**ですが、苦手な顧客ほど先生方を「使いやすい士業」と位置づけて、うまく利用しようとするものです。**不満を述べつつも契約を解除してくれないということです。

ものすごく端的に表現すれば、いいように使われているだけです。

　ありがちなのが、バックオフィス業務の作業要員として扱われてしまうことです。士業は、智慧を提供するべき立場です。それなのに、知らず知らずのうちに労働力を提供してしまっているケースは少なくありません。こういった作業に対して、然るべき費用をもらっているのであればいいのですが、現実には「これで顧客が満足してくれるなら」と安易に作業を無料で引き受けてしまっている方もいます。これでは時間を無尽蔵に提供することになり、疲弊するだけです。疲弊しても倒れても、顧客から同情されることはありません。むしろ手続きが遅延でもすれば、「あなたのせいで」とさらに追い詰められます。それを「自分の不徳の致すところで」などと言って自分をだますのはやめましょう。こうして厳しいことをお伝えするのは、そうやって自責の念に駆られて相談に来る方があまりにも多いからです。相談を受ける側としても、つらいものがあります。

　負の連鎖を断ち切るためには、自分から契約を解除することもひとつの選択肢として考えるべきです。もっといえば「考えるべき」で終わらせず、実行するべきです。相談を受けて「わかりました。契約解除の方向で検討します」と話すものの、なかなか動き出せない方も少なくありません。気が重いのはわかるのですが、行動しなければ何も状況は変わりません。弁護士から「いい話」を聞いて終わりというだけになってしまいます。

　先生方と依頼者の契約は、基本的に業務委託契約をベースに組み立てられているでしょう。**業務委託契約では、いつでも契約解除できるのが原則です。ですから「契約を解除させてもらいます」と伝えれば事足ります。**それでも解除を躊躇するのは、相手の面子をつぶして叱責されるかもしれないという不安からです。私の

経験からしても「契約を解除とか言える立場なのか。こっちが客だぞ」と責められたことがあります。なまじ報酬をもらっているために、批判されるとつらいものがあります。ですが、ここは自分の仕事への矜持をもって乗り越える他ありません。

（2）争いになりにくい進め方

　ときに「一方的に契約を解除したら損害賠償をされないか」と質問を受けることがあります。たしかに理論上は可能性があるかもしれませんが、個人的には契約を解除したことを原因として損害賠償を受けたという先生にお会いしたことはないです。そもそも社労士が契約を解除したことにより発生する損害というものをイメージにしにくいです。仮に想定できるとすれば、助成金の申請など期限のある手続きを途中で放置して期限を経過してしまった場合などです。ですが、期限のあるような手続きを引き受けて途中でいきなり手放すことは普通しないでしょう。契約を解除すれば、経営者が別の社労士に依頼するだけです。たいてい「それだけ」で終わってしまいます。

　気をつけるべき点としては、引継ぎの在り方です。「今日で契約関係を終えさせていただきます。さようなら」というのは、理論的な是非は別として、大人として無責任な印象を周囲に与え、悪評につながるかもしれません。

　そこで私は、こちらから解除を提案するときには、特段の事情がない限り6か月間くらいの猶予期間を提案するようにしています。例えば「半年間は現状のまま対応させていただきます。半年以内に他の先生を見つけて依頼されてください」と伝えておきます。このようにしておけば、経営者としても新たな依頼先を見つける時間的な猶予があります。仮に見つけることができなければ、

経営者の責任です。

　なかにはこうした通知をしても、いっこうに新たな士業を探さない人もいます。解約日が近づいてから「そんな話は聞いていない」と言われることもあります。ですから解約については、口頭だけでなく書面あるいはメールでも通知して、記録を保管しておいてください。

 ## 契約解除に備えた顧問契約書を作る

　では逆に、経営者から契約解除の申出があったときについても考えておきます。うれしいことではないですが、仕方のないことでもあります。「合う、合わない」というのはどうしても出てきます。特に、最近では事業承継を契機に士業を変更するケースも増えてきました。**ですから契約解除の申出があったとしても、一喜一憂するべきではないです。契約解除のときには、「お世話になりました」とお礼を伝えてきれいに袂を分かちたいものです。**

　これに関して先生方から相談が寄せられるのは、対処するべき引継ぎの範囲です。もちろん預かっている資料などは、依頼者に直ちに返還します。悩ましいのは、経営者から業務の引継ぎのために資料の作成を依頼されたときです。経営者からは、「別の社労士の方に依頼することになりました。引継ぎのために資料を用意してください」と指示されることがあります。業務を整理して資料を作成するには、それなりの時間と労力を要します。さすがに無償というわけにはいきません。だからといって、契約を解除された経営者に対して「別途費用がかかります」とも言いにくいところがあります。結果として、なし崩し的に無償で対応して、

踏んだり蹴ったりということになってしまいます。

　こういうトラブルを防止するためにも、顧問契約書の記載にはこだわってください。**顧問契約書は、先生方の身を守る道具ですから、形式的に作成することがないようにしてください。**契約を締結するときには、双方当事者が円満な状況であるため、契約内容で揉めることはありません。およそ引き受ける業務の内容と報酬がメインとなります。**ですが、契約が本当に意味を持つのは、契約の締結時ではなくてトラブル発生時や契約が解除されるときです。**引継ぎの範囲や引継ぎに伴う費用についても明確に記載されていれば、先生方も自信を持って経営者に対して意見を述べることができます。先生方が利用している契約書では、契約終了時における業務の引継ぎなどについての記載が不十分というケースが少なくありません。もともと「契約が終了する」ということを具体的に想定して契約書を作成していないからです。

　私がセミナーなどで提示している契約書では、契約終了時の引継ぎについてボリュームを持って記載しています。それが他の契約書との違いでしょう。**先生方の利用している契約書において、引継ぎ時のことがきちんと触れられているかを一度確認してみてください。もし触れていないのであれば、せめて契約終了時に実施する引継ぎの範囲および資料作成に伴う費用について、何かしら触れておくべきです。**

　ちなみに契約書では、報酬を加算する場合の条件についても明記しておくといいです。例えば給与計算に関して「従業員が１名増加するごとに〇円を加算」としておくことです。誰にとっても値上げの提示は言い出しにくいものですが、契約書に明記してあれば、先生方としても「契約書にあるように」と自信を持って話を進めることができます。

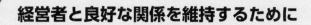

経営者と末永く良好な関係を築く

Ⅱ

経営者と良好な関係を維持するために

　ここまでは、契約解除という最終局面をベースに話をしてきました。できればここに至るまでに対処したいところです。そこで経営者と良好な関係を維持するうえでの勘所を整理しておきましょう。

（1）費用は事前に伝える

　まず、費用が発生する場合には、きちんと事前に伝えるということです。お金のことは、なかなか言いにくいところがあります。仲がいい間柄だからこそ言いにくいときもあります。もっとも、あらゆることを無償で対応していたら終わりがないです。士業は、サービスという形のないものを提供しています。そのため無料にしようと思えば、いくらでも可能です。しかし、**一度何かを無料で提供すれば、無料であることがスタンダードになります。**「この客は有料。この客は無料」ともできませんから、自ずと無料の領域が広がってきます。一度無料の領域が広がり始めると、際限

なく広がっていきます。これが怖いわけです。

　先生方のビジネスモデルは、顧問料という定額収入をベースにしています。業務内容として、「労務相談」という大まかな事項だけを記載しているものもあります。これでは経営者が「労務に関するものだから、顧問料のなかで対応してくれるはず」と認識するのも当然です。だからといって、想定されるサービスを網羅的に契約書に記載していくのも現実的ではないでしょう。どうしても「これは顧問契約に含まれるのか」というグレーゾーンは生じてしまいます。

　そもそも経営者が嫌悪するのは、費用がかかることではなくて、予期に反して事後的に費用の提示を受けることです。ですから、顧問料とは別に費用を請求したいという場合には、事前に別途費用がかかるということを説明してください。それだけでもトラブルをかなり回避することができます。「費用がかかるのであればもういい」となれば、それだけの話だったと割り切るべきでしょう。

　労働事件のなかでは、先生方にサポートをお願いすることも少なくありません。例えば残業代請求における計算があります。他にも事実関係あるいは資料の整理などを依頼することもあります。こういう業務は、もちろん顧問契約として予定されたルーティンなものではありません。ですから「別途費用がかかります」と経営者に伝える必要があります。ただし、労働事件に巻き込まれて困惑している経営者を前に、なかなか言い出しにくいところもあります。

　そこで私は、経営者に対して「社労士の先生の費用が別途かかります」と水を向けることがあります。第三者である弁護士から口火を切ってもらえれば、先生方も依頼者に話をしやすくなりま

す。もっとも、こういった配慮を弁護士がしてくれるとも限りません。この場合は、やはり先生方が「ここからは別途費用がかかります」と伝えるべきです。事前に費用の規模感を把握しておければ、経営者としても予測を立てることができます。だからこそ業務を始める際に、見積りを出して承諾を得るようにしておきましょう。

（2）サービスを作業代行に依存しない

　もうひとつのポイントは、できるだけ作業代行を減らしていくということです。経営者にとって、外部にバックオフィス業務を任せることができるのは魅力的です。人手がかからないだけでなく、人件費を変動費にすることができるからです。先生方のなかにも、給与計算といった作業を請け負っているケースは多いでしょう。こういった作業代行は、安定した収入になるものです。ですから、業務として否定するものではありません。**ただ、作業代行だけに依存するビジネスモデルには、リスクがあることに注意するべきです。**

　作業を代行する場合には、いくら効率化しても不可避的に時間を要します。そのため、ひとりの人間が対応できる分量には、自ずと限界があります。作業が増えれば人員を拡大していかざるを得ません。これは人件費などの経費拡大を招きます。人手不足のなかで必要な人材を確保することも容易ではありません。さらに作業代行は、サービス内容にオリジナリティを出しにくく、他者と比較検討されやすいものです。比較されるがゆえに、値下げ圧力も受けやすくなります。

　ときに「忙しいばかりで儲からない」と相談を受けることがありますが、原因のひとつには売上を作業代行に依存しすぎている

ことがあります。**安定した事業のためには、作業代行では「ない」部分の業務も並行的に育てていくべきです。**それが先生方のオリジナリティになり、経営者の求めるサービスへとなっていきます。

（3）経営者に寄り添う

　最後にお伝えするポイントは、寄り添うということです。経営者は、企業におけるすべての責任をひとりで抱える孤独な存在です。経営者は士業に対して、たんに専門的な知識だけを求めているわけではありません。求めているのは孤独な自分への共感です。だからこそ、寄り添うという姿勢が必要になってきます。サービスさえ提供すればいいというわけではないのです。

　私は、AIの発達によっていっそう「人のリアルなつながり」が価値を持つようになるものと確信しています。**人は、情報だけでは孤独に打ち勝てないからです。孤独を乗り越える力となるのは、「そばにいてもらえる」という安心感のみです。**これは士業にしても同じです。ときにしんどいことがあると、「なぜこの仕事を選択してしまったのか」と感じることもあります。そういうときに誰かに話を聞いてもらえることは、問題の解決にはならずとも救いにはなります。

　寄り添うというのは、決して複雑なことを求めているわけではありません。誰かの話をじっくり聞くということです。「どうかしましたか」「大丈夫ですか」とちょっとした声をかけるだけでも十分です。ただし、「誰かの話を聞く」というのは、想像するよりも難しいことです。つい自分の考えなどを一方的に伝えて、相手の話を終わらせようとしてしまいます。経験があるほどに「こうなるから」と早急に結論を示してしまいがちなわけです。**いわば経験が傾聴を阻害するといえるでしょう。**私もいつも「もっと

うまく聞くことができないのか」と自問する日々です。先生方も、聞くことにぜひこだわってみてください。そこからすべてが始まります。

終わりなき旅路のコーディネーター

　ある先生から、「顧客を増やすことができない」と相談を受けたことがあります。とても熱心で丁寧な先生ですが、営業が苦手で自信を失っていました。私は珈琲を片手に、「いつから顧客数が幸せのバロメーターになってしまったのですか。くだらないことに悩むより、目の前のただひとりの顧客を見るべきですよ」とだけお伝えしました。

　誰しも顧客数が多いに越したことはありません。いかに勉強をしても、マネタイズできなければ意味がないからです。ただ、顧客を増やすことが目的となると、終わりなき競争に我が身を投じることになります。いつのまにか顧客を記号としてとらえるようになってしまいます。それは決して士業にとっていいことではありません。士業の喜びは、自分のサービスを提供することで顧客が喜んでくれることでしょう。いろいろ嫌なことがあっても、やはり「ありがとう」と言われるとうれしいものです。単純かもしれませんが、単純すぎるくらいが人生気楽なものです。ガシガシ仕事をして事業規模を拡大していくだけが、士業に残された道ではありません。**自分の倫理観を大事にして、自分にできる範囲できちんとしたサービスを提供する。それが士業として経営者と末永い関係を構築していくうえで、最も重要なことです。**先生にひとりでも顧客がいれば、先生は間違いなく求められた存在です。

ノイズに心乱されることなく、「その方」だけを見つめてください。その真摯な姿勢がいつか華開くはずです。それは誰しもが振り返るような大輪ではなく、路傍の小さな一輪かもしれません。それでも誰かを慰める一輪となります。

　私は、これからの時代において、組織をデザインしていく先生方の役割は、より強く求められると考えています。働き方は変われども、人は働くことから離れることができないからです。労働とは、決して苦役ではありません。人は、労働を通じて他者とつながり、自分というものを少しずつ認識していきます。**労働とは、「自分とは何か」という究極の問いに対する答えを求め続ける旅路のようなものです。先生方は、終わりなき旅路のコーディネーターを担っているわけです。**

　先生方の可能性は無限です。人を相手にするために、誤解やあらぬ批判を受けてつらい経験もおそらくされるでしょう。それでも先生方にしか救えない人がきっといます。その人のために歩みを止めないでください。そしていつか夜空を見上げたときにきっと感じるはずです、この仕事でよかったと。

おわりに

　本書を最後まで読んでいただきありがとうございました。理想と現実を紐づけるという少し変わったテーマで労働事件について語ってみましたが、いかがだったでしょう。先生方にとってひとつでも新しい発見を手にしていただけたのであれば、著者としてこれに勝る喜びはありません。

　本書は、もともと労働事件をより中立的な立場で解説することを想定していました。ですが実際に書き出してみると、なかなかうまくいきませんでした。論点の解説などであれば、いくらでも優れた本があるからです。そこで発想を変えて、自分の失敗談をベースにした、より現場主義的なものへと変更しました。こうして先生方があまり目にすることのない一冊となりました。

　私は、これからの時代に士業が経営者を支えていくためには、士業同士が垣根を越えて協力していく姿勢を持つことが必須だと考えており、事件を担当するたびにその思いは強くなります。労働事件にしても、先生方のサポートを求めています。こういった士業の連携を実現していくためには、それぞれの士業の「ものの見方」を共有しておくことが必要です。同じ事実にしても、立場によってとらえ方が違ってくるからです。物事を多面的にとらえることができるようになって初めて問題の本質が浮き彫りにもなってきます。そういった発想もあって、本書では弁護士の視点でとらえた労働事件を先生方に向けてお伝えした次第です。「こういうとらえ方をするのか」と感じていただけるところがあれば、本書を執筆した意味があったといえるでしょう。

士業を取り巻く経営環境は、決して穏やかなものではありません。先生方も、将来に対する不安や悩みがあるからこそ本書を手に取られたはずです。世の中には、器用で華のある方もいらっしゃいます。不安なときには、そういった方への羨望の思いがよりいっそう強くなるものです。ですが、誰しも器用にこなせるわけではありませんし、その必要性もありません。自分のできることを、目の前のひとりに向けて真摯にこなしていくことが何より大事です。そういったひたむきな姿勢こそ、先生方への信頼につながっていきます。

　私にしても同じようなものです。私は、競争というものがとても苦手です。「みんながぼちぼち幸せであればいい」という意識で普段から仕事をしています。ですから、事業規模の拡大といったことにも興味がありません。信頼できる先生方とつながり、「ああでもない、こうでもない。困ったね」と唸りながら問題を解決していくことが好きです。それが自分にとって身の丈に合った経営といえるでしょう。先生方も本書を契機に「自分のあるべき経営」について立ち止まって考えてみてください。先生方のさらなるご活躍を本州の端の海辺で静かに応援しております。何かあれば気軽にお声がけください。

　今回も日本法令の白山さんをはじめとして、関係者の方々に多大なる支援を賜りました。みなさんのご支援がなければ本書の完成には至りませんでした。あらためて御礼申し上げる次第です。

島田　直行

[著者略歴]

島田 直行 (しまだ なおゆき)

島田法律事務所代表弁護士
京都大学法学部卒。山口県弁護士会所属。

経営者をあらゆる方向から支援することをテーマに"社長法務"と称する独自のリーガルサービスを提供する。労働事件(使用者側)、悪質クレーマー対応及び相続を含めた事業承継をメインに、経営者のあらゆる悩みに耳を傾ける。

常に意識することは、空理空論ではない「この難局をいかに解決するか」という具体的な解決策の模索。これまで労働案件だけでも200件を超える事案に関わり、経営者とともに目の前に立ち塞がる課題を解決してきた。顧問先はサービス業から医療法人まで多岐にわたる。

基本的な姿勢は、交渉による柔軟かつ早期の解決。一方の見解をひたすら突き通すのではなく相手の心情にまで踏み込んだ交渉を展開することで、双方にとってバランスのとれた着地点を見いだすことを旨としている。

自らの中心に据える価値観は「もののあはれ」。いかなる状況でも将来に向けた一条の希望を感じさせることに人としてのあるべき姿勢を見いだす。

著書は、『院長、クレーマー&問題職員で悩んでいませんか?〜クリニックの対人トラブル対処法』『社長のための士業のトリセツ』(いずれも日本法令)。『社長、辞めた社員から内容証明が届いています ——「条文ゼロ」でわかる労働問題解決法』『社長、クレーマーから「誠意を見せろ」と電話がきています ——「条文ゼロ」でわかるクレーマー対策』『社長、その事業承継のプランでは、会社がつぶれます ——「条文ゼロ」でわかる代替わりと相続』(いずれもプレジデント社)。その他雑誌への連載など執筆多数。

社労士を対象としたオンラインセミナーやメールマガジンを配信中。

社労士のための労働事件
思考の展開図

令和5年10月1日　初版発行
令和6年4月10日　初版3刷

日本法令®

〒101-0032
東京都千代田区岩本町1丁目2番19号
https://www.horei.co.jp/

	検印省略
著　者	島　田　直　行
発行者	青　木　鉱　太
編集者	岩　倉　春　光
印刷所	丸 井 工 文 社
製本所	国　宝　社

（営　業）　TEL　03-6858-6967　　Eメール　syuppan@horei.co.jp
（通　販）　TEL　03-6858-6966　　Eメール　book.order@horei.co.jp
（編　集）　FAX　03-6858-6957　　Eメール　tankoubon@horei.co.jp

（オンラインショップ）　https://www.horei.co.jp/iec/
（お詫びと訂正）　https://www.horei.co.jp/book/owabi.shtml
（書籍の追加情報）　https://www.horei.co.jp/book/osirasebook.shtml

※万一、本書の内容に誤記等が判明した場合には、上記「お詫びと訂正」に最新情報を
掲載しております。ホームページに掲載されていない内容につきましては、FAXまた
はEメールで編集までお問合せください。

社長のための士業のトリセツ

島田直行 （著） 四六判・256頁 令和4年11月刊
定価1,980円（本体1,800円＋税）

本書では、経営者と士業の関係に輝きを取り戻すための方策を解説。
経営者はいかに士業を活用し、事業を発展させるのか？
プロジェクトを成功に導く、効果的なコミュニケーションとは？
経営者と士業がともに歩むための経営戦略進化論！

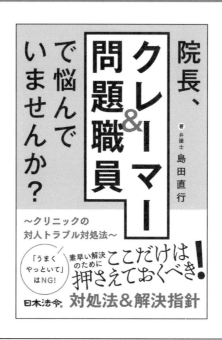

院長、クレーマー＆問題職員で悩んでいませんか？

島田直行　（著）　四六判・264頁　令和3年6月刊
定価2,200円（本体2,000円＋税）

本書では、クレーマー対応や労働問題の迅速解決に実績があり、複数の医療機関の顧問を務める弁護士が、院長なら「せめてここだけは押さえておくべき」という解決の指針を体系化。クリニックの繁栄を脅かす、対人トラブルの対処法＆解決指針をお教えします。
医療機関に携わる士業・コンサルタントにもおすすめの1冊！